エクセルを活用して
楽々教材作成

濱岡 美郎 著

KAIBUNDO

はじめに

　本書は，エクセルで文字データを自在に扱えるようになることを目指して書かれています。

　扱われているシート例は，主に教員が教材の作成と管理に，また研究に使用するものを取り上げています。文字データを中心としているので，教科を問わず利用できます。

　また，本書で使われている技術は，教育機関以外でも役立ちます。広く応用ができる，文字列を扱うシートに関する情報は，今までのところあまり見かけません。

　第1章「実用シートの作成」と第2章「エクセルの操作と関数の使用法」では，初歩から中級のエクセル使用者が，シートの作成技術を学ぶことができます。複雑な数式の作成法や関数の使い方に工夫をしています。

　第3章「マクロ・VBAの利用法」では，VBAの初歩を学ぶことができます。

　第4章「データの収集と加工法」では，データの収集法と集めたデータをエクセルに読み込むための加工法を知ることができます。

▪ 本書の目的と構成

　本書は，次の4つの目的を達成できるように書かれています。

(1) **文字データを処理するためのシート作成法を身に付ける**
　　実用に使えるシート例で，計算式，関数，マクロの利用法を解説します。

(2) **シートを作成するなかで，プログラミングの考え方を身に付ける**
　　シート内でのデータの流れや処理の手順などは，プログラミングそのものです。

　上記2点は，第1章「実用シートの作成」で説明しています。

(3) 文字列を扱うワークシート関数を整理し，シート操作法を身に付ける

　　文字列を扱うには，関数は不可欠です。第 2 章「エクセルの操作と関数の使用法」で説明しています。また，関係する計算式の作り方や効率の良いシート操作法を紹介しています。

(4) 効率良くデータを処理するために，VBA の初歩を身に付ける

　　シートの自動計算では実現できない処理をするために，マクロプログラムの作成に取り組み，シートに組み込む方法を学びます。

　　これは，第 3 章「マクロ・VBA の利用法」で解説します。

(5) データの入手法，処理・加工法を身に付ける

　　コンピュータはデータが命です。データの入手法と，データをエクセルに読み込むための効率的な処理・加工方法を解説します。これは，第 4 章「データの収集と加工法」で説明します。

▪ 本書の利用法

　まず，第 1 章「実用シートの作成」を読んでみましょう。使われている用語，操作法，関数などを問題なく理解できれば，そのまま読み進めてください。用語や操作法に疑問のある場合は，第 2 章「エクセルの操作と関数の使用法」を参照してください。それでも理解できない場合は，エクセルの入門書をあたってください。

　1.7 からは，VBA を扱います。プログラミングについての予備知識がある読者は，そのまま読み進めてください。VBA やプログラミングが初めての読者は，第 3 章「マクロ・VBA の利用法」を，まず読んでください。

　第 4 章「データの収集と加工法」では，データを収集して加工し，エクセルに読み込む方法を身に付けてください。そして，シートに入力して活用してください。

▪ 実用シートの作成方針

　本書で扱っているシート例は，次のような方針で作られています。

(1) **計算やデータ処理の流れがわかるように組み立てる**

シートの構成を理解する際に，計算式とその処理結果を見ながら手順を追っていくと，わかりやすいものです。そのために，数式はできるだけまとめず，順次，データが処理されていく様子が見えるようにしています。処理の手順がわかれば，応用もできます。

(2) **ワークシートの機能で処理できるものは VBA を使わない**

VBA を使わなくても，ワークシートで数式と関数を組み合わせて，かなり複雑な処理を行うことができます。本書では，VBA でなければ処理が実現できない場合に，VBA を利用しています。

(3) **VBA はエクセルの自動計算機能の補助として使う**

VBA は，エクセルの自動計算では実現できない機能を付け加える場合に使っています。VBA は高機能なので，表計算とはかけ離れた機能を持つシステムを作ることもできます。しかし，作成するプログラムは，エクセルの基本機能を生かしたものにとどめるのが良いと考えます。

シート例を含んだサンプルファイルは，著者のウェブサイト

http://www.geocities.jp/yhamaoka_eca/

から，ダウンロード可能です。

▪ 「シート」という表現について

エクセルでは，「シート」が集まったものを「ブック」と呼び，それを，「ファイル」に保存します。本書では，「シート概要」「シート作成」など，「シート」と表記していますが，実際は，いくつかのシートで構成されるブックになっています。しかし，便宜上「シート」と呼んでいますので，お含みおきください。

目　次

第 1 章　実用シートの作成　　13

1.1　授業予定表　15
- 1.1.1　シート概要　15
- 1.1.2　シート解説及び使用法　16
- 1.1.3　シート作成　16
  - 1.1.3.1　シート作成の方針　16
  - 1.1.3.2　作成手順　17
  - 1.1.3.3　手順解説　17

1.2　穴埋め問題（ドリル付き）　24
- 1.2.1　シート概要　24
- 1.2.2　シート解説及び使用法　25
- 1.2.3　シート作成　25
  - 1.2.3.1　シート作成の方針　25
  - 1.2.3.2　作成手順　26
  - 1.2.3.3　手順解説　26

1.3　英文難易度分析　32
- 1.3.1　シート概要　32
- 1.3.2　シート解説及び使用法　32
- 1.3.3　シート作成　33
  - 1.3.3.1　シート作成の方針　33
  - 1.3.3.2　作成手順　33

1.3.3.3　手順解説　*34*

1.4　学習・常用漢字分析　*42*

1.4.1　シート概要　*42*

1.4.2　シート解説及び使用法　*43*

1.4.3　シート作成　*43*

　　1.4.3.1　シート作成の方針　*43*

　　1.4.3.2　作成手順　*44*

　　1.4.3.3　手順解説　*44*

1.5　エクセルを使った採点　*53*

1.5.1　シート概要　*53*

1.5.2　シート解説及び使用法　*54*

1.5.3　シート作成　*55*

　　1.5.3.1　シート作成の方針　*55*

　　1.5.3.2　作成手順　*56*

　　1.5.3.3　手順解説　*56*

1.6　多肢選択問題　*63*

1.6.1　シート概要　*64*

1.6.2　シート解説及び使用法　*64*

1.6.3　シート作成　*65*

　　1.6.3.1　シート作成の方針　*65*

　　1.6.3.2　作成手順　*65*

　　1.6.3.3　手順解説　*66*

1.7　問題作成用データベース　*77*

1.7.1　シート概要　*77*

1.7.2　シート解説及び使用法　*77*

1.7.3　シート作成　*78*

　　　　1.7.3.1　シート作成の方針　*78*
　　　　1.7.3.2　作成手順　*79*
　　　　1.7.3.3　手順解説　*79*

1.8　発音が聞ける英単語リスト　*84*
　　1.8.1　シート概要　*85*
　　1.8.2　シート解説及び使用法　*85*
　　1.8.3　シート作成　*86*
　　　　1.8.3.1　シート作成の方針　*86*
　　　　1.8.3.2　作成手順　*86*
　　　　1.8.3.3　手順解説　*86*

1.9　ワークシートの自動合成　*89*
　　1.9.1　シート概要　*89*
　　1.9.2　シート解説及び使用法　*90*
　　1.9.3　シート作成　*91*
　　　　1.9.3.1　シート作成の方針　*91*
　　　　1.9.3.2　作成手順　*91*
　　　　1.9.3.3　手順解説　*91*

第2章　エクセルの操作と関数の使用法　*99*

2.1　エクセルの画面と機能　*99*
　　2.1.1　画面各部の概要　*100*

2.2　エクセルの操作　*101*
　　2.2.1　セルの指定法　*101*
　　2.2.2　セルに入力できるもの　*102*
　　2.2.3　セルの数式を表示する　*102*

2.2.4　コピー＆ペースト，ドラッグなどの基本操作　*103*
 2.2.4.1　コピー＆ペーストと 3 つのドラッグ法　*103*
 2.2.4.2　数値のコピー＆ペーストとドラッグ　*104*
 2.2.4.3　数式のコピー＆ペーストとセル参照の記述　*105*
 2.2.4.4　複合参照の使い方　*108*
 2.2.4.5　入力時のセル参照式の記述の変更法　*109*
 2.2.4.6　数式をコピー＆ペーストする際の注意　*110*
 2.2.4.7　文字列，数値のコピー＆ペーストとドラッグ　*111*
 2.2.4.8　オートフィルと連続データの登録　*111*
 2.2.4.9　ダブルクリックによるオートフィル　*114*
 2.2.4.10　「形式を選択して貼り付け」の項目解説　*115*
 2.2.4.11　可視セルのみのコピー＆ペースト　*116*
 2.2.4.12　A1 形式，R1C1 形式の切り替え　*117*
 2.2.4.13　数式を相対変化させずにコピー＆ペーストする方法　*118*
 2.2.4.14　縦に並んだ参照式を変化させずに横方向に展開する方法　*119*

2.3　関数の使用法　*123*

2.3.1　調べる　*124*
2.3.2　探す　*129*
2.3.3　置き換える　*132*
2.3.4　つなげる　*134*
2.3.5　繰り返す　*134*
2.3.6　切り出す（取り出す）　*135*
2.3.7　変換する　*136*
2.3.8　書式を変更する　*139*
2.3.9　条件によってデータを操作する　*140*

2.3.10　日付，曜日を扱う　*141*

第3章　マクロ・VBA の利用法　*143*

3.1　マクロの操作法　*144*
3.1.1　「開発タブ」の表示　*144*
3.1.2　マクロの有効化　*145*
3.1.3　マクロの記録　*146*
3.1.4　マクロの確認／VB エディタの使用　*147*
3.1.5　マクロの実行　*150*

3.2　ワークシートとマクロ（VBA）の関係　*152*
3.2.1　ワークシートの機能と操作（表計算）　*152*
3.2.2　VBA とは　*153*
3.2.3　VBA を適用する範囲　*153*
3.2.4　トリガーとイベントドリブン　*154*

3.3　マクロプログラム作成の基本　*154*
3.3.1　プログラムを作る理由　*154*
3.3.2　シート作成とマクロプログラムの違い　*154*
3.3.3　プログラミングに必要なこと　*155*
3.3.4　マクロプログラム作成手順　*155*
3.3.5　プログラムの制御構造　*156*
　　3.3.5.1　プログラムの実行　*156*
　　3.3.5.2　3つのプログラム制御構造　*157*

3.4　簡単なマクロプログラムの作成　*159*

第4章 データの収集と加工法　165

4.1 インターネットからの取り込み　165
4.1.1 データの特性　165
4.1.2 データの取得　166
4.1.3 データの一次加工　167

4.2 印刷物からの取り込み　168
4.2.1 データの特性　168
4.2.2 データの取得と一次加工　169

4.3 CDからの取り込み　170
4.3.1 データの特性　170
4.3.2 データの取得と一次加工　170

4.4 辞書データの利用　171

4.5 著作権に関する注意　172

4.6 データの加工・成形　173
4.6.1 コンピュータとデータ　173
4.6.2 データの加工　173
4.6.3 加工の手順　174
4.6.4 エクセルに読み込むデータ形式　175
4.6.5 テキストエディタでの正規表現の利用　176
4.6.6 sed, AWKの使用　182
4.6.7 エクセルへの読み込み　183

索引　187

第 1 章
実用シートの作成

　本章では，文字データを処理する機能を持つ実用的なシートを，9 点紹介します。文字データを入力すると，計算式にしたがって処理され，結果が表示されるシートです。ここで示された実用例を通して，シート作成法を身に付けてください。

　各項にある**シートの目的**に添って，どのようにシートを組み立てていくかを理解してください。同時に，使われている技術が，自分の求めている処理に応用できるかどうかを考えてください。

　読み進めるときは，エクセルを立ち上げ，数式やデータを入力してください。必要があれば"ヘルプ"を参照して，確認しつつ進んでください。読んでいるだけでは身に付きません。

▪ **本章の構成**

　1.1 ～ 1.6 と段階を踏んで，少しずつ複雑なシートになっていきます。1.7 からは，マクロを含んだものを扱っています。必要に応じて，第 2 章「エクセルの操作と関数の使用法」や第 3 章「マクロ・VBA の利用法」を，また，手持ちの入門書を，並行して読むとよいでしょう。

▪ **各項の構成**

　はじめにシートの図が表示され，続いて，シートの目的，仕様，使用する技術が述べてあります。

　シートの目的，仕様では，シートで何をしたいか，どんな機能を持たせたいかを記述しています。また，**使用する技術**では，書式，セルの参照法，関数

（演算子），マクロなどの要件を書き出しています。これらに目を通し，自分が習熟しているものかどうかを判断してから読み進めるとよいでしょう。

次に，**シート解説及び使用法**でシートの概要をつかんだ後，**シート作成**の手順に移ります。

シート作成の方針では，「シートの目的」，「仕様」を具体化します。ここでは，どのようなシートを作るかを述べています。アイディアを練る部分です。コンピュータの知識はあまりいりません。目的とする仕事の処理手順を知っていて，論理的な考え方ができれば，ほとんど誰でもできる部分です。

作成手順では，シート上にどのようなものを作り込むかを考えます。エクセルに備わった数式・関数などをどのように組み合わせてコンピュータに処理させるかを述べています。この部分では，エクセルの機能，関数などの知識や経験が必要となります。括弧の中には，関係する関数やテクニックが記されています。

手順解説では，実際に作り込む際の手順，数式，注意点などを解説しています。シートを作成する際には，これらに習熟する必要があります。

- 新しい機能を持ったシートを作成するには

独自のシートを作成する力が身に付くまでは，既存のシートをよく調べて，どのようにできているのかを知るとよいでしょう。元のファイルは保存しておき，コピーしたものを研究します。どのような関数やテクニックが組み合わされて，目的の機能が実現されているかを理解しましょう。また，数式などの一部を書き換えてみて，どのような変化が起こるかをみることも参考になります。

自分の求める機能を持ったシートを作る際には，「シートの目的」，「仕様」，「作成手順」などを書き出してみましょう。この部分が設計図にあたる部分ですので，明確に記述してから始めるとよいでしょう。書き出したものを整理してから始めると，シート作成が円滑に進みます。

1.1　授業予定表

汎用の授業予定表です。どの日付からでも始められ，授業回数も数えることができます。

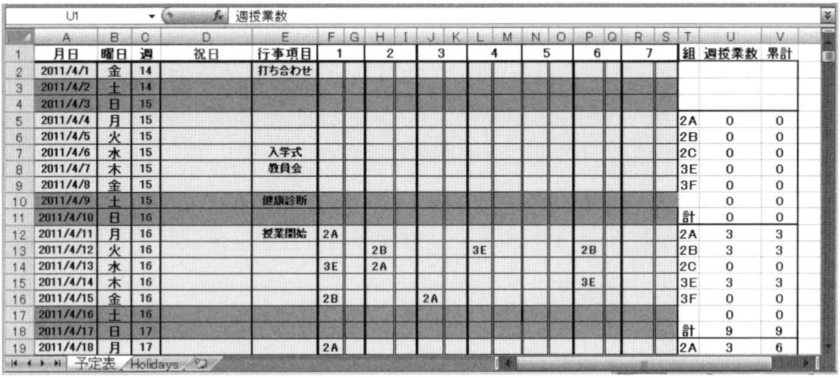

U1　週授業数

月日	曜日	週	祝日	行事項目	1	2	3	4	5	6	7	組	週授業数	累計
2011/4/1	金	14		打ち合わせ										
2011/4/2	土	14												
2011/4/3	日	15												
2011/4/4	月	15										2A	0	0
2011/4/5	火	15										2B	0	0
2011/4/6	水	15		入学式								2C	0	0
2011/4/7	木	15		教員会								3E	0	0
2011/4/8	金	15										3F	0	0
2011/4/9	土	15		健康診断									0	0
2011/4/10	日	16										計	0	0
2011/4/11	月	16		授業開始	2A							2A	3	3
2011/4/12	火	16				2B		3E		2B		2B	3	3
2011/4/13	水	16			3E	2A						2C	0	0
2011/4/14	木	16								3E		3E	3	3
2011/4/15	金	16			2B		2A					3F	0	0
2011/4/16	土	16											0	0
2011/4/17	日	17										計	9	9
2011/4/18	月	17			2A							2A	3	6

予定表　Holidays

図 1-1　授業予定表

1.1.1　シート概要

(1)　**シートの目的**：汎用の授業予定表を作成し，授業計画を補佐する。

(2)　**仕様**：指定した期日から開始できる。休日の表示，授業時数の計数（6 種の異なった授業を計数可能），当日・週末・予定終了部分の色分けの機能を含む。

(3)　**使用する技術**

書式：条件付き書式

セル参照法：参照方式の基本，セル参照＋1，範囲の参照「：」

関数など：MID，WEEKDAY，IF，ISERROR，VLOOKUP

マクロ：なし

シート操作：シートの命名，コピー&ペースト，ドラッグによるコピー&ペースト

キー操作：数式の表示／非表示（Ctrl ＋ Shift ＋ `）。アクサングラーブ「`」

は @ と同じキー。セルの中の数式を表示させるときに使用し，もとに戻すときも同じキー操作をする。

1.1.2　シート解説及び使用法

このシートには，年月日，曜日，週，祝日，行事，1〜7時限の授業コマ，組ごとの該当週時間数，通算時間数の項目があります。開始日とする日付をA2以降のA列のセルに入力すれば，その日以降の日付が表示されます。曜日，祝日，年間第何週にあたるかも自動で表示されます。祝日も表示されます。このシート例では，5年分の祝日データが設定されています。

行事項目と時間割の部分は，使用する現場に合わせて，使用者が入力します。時間割は，第1週目に入力した後，必要な部分にコピー＆ペーストし，休日，行事などに合わせて調整するとよいでしょう。

授業時数計数部分（T，U，V列）は，組の欄に組の名前又は授業名を入れると，週時数と通算時数が計算され表示されます。6組（6種の授業）に対応します。

このシート（図1-1）では，右側計数部分の，週のブロックの一番下の行を，集計欄に使っています。実際に運用する場合には，予定表のはじめの2週分のデータは空けて使用するとよいでしょう。年により，開始日の曜日が異なり，授業の配置が異なるので，累計部を調整するのが煩わしいからです。3週目の当該曜日の日付に20XX年4月1日と入れれば，使用準備ができます。必要な行事，組（授業）名，時間割を入力し運用します。休講となった部分を，消去または「休」とすると，授業回数の集計値が対応して変わります。

1.1.3　シート作成

1.1.3.1　シート作成の方針

⑴　カレンダー部分は，いかなる期日から始まっても機能するように設定する。祝日データは5年分を組み込む。

⑵　各週の授業を入力することで，週時間数・通算時間数を，組（授業種）別に集計する。

(3) 予定表は，当日・過去・未来で背景色を変え，見やすくする。

1.1.3.2　作成手順

(1) 予定表シートと祝日リストシートを作る
(2) 予定表シートにカレンダー部分を作る
　① 日付欄（セル参照＋1），曜日欄，週欄（WEEKDAY，MID），祝日欄を作る。祝日欄は，祝日リストから VLOOKUP で祝日名を取り出す。
　② 行事項目，時間割欄を作る
　③ 予定表の色分けをする（条件付き書式）
(3) 予定表に集計部分を作る
　① 組欄，週授業数欄を作る（COUNTIF）。
　② 通算授業時間数欄を作る

1.1.3.3　手順解説

(1) 予定表シートと祝日リストシートを作る

　新しいブックを開き，「授業予定表」と名付けて，いったん保存します。Sheet1 を「予定表」と名付けます。Sheet2 を「Holidays」と命名し，A 列に祝祭日の日付，B 列に祝祭日名を，降順に入力しておきます。

(2) 予定表シートにカレンダー部分を作る

　① **日付欄，曜日欄，週欄，祝日欄を作る**

　まず，カレンダー部分を作ります。入力する数式は，Ctrl + Shift + ` を押すと，図 1-2 のようになります。先頭行に，列見出しとして項目を入力します。次に，各列に数式を入力します。

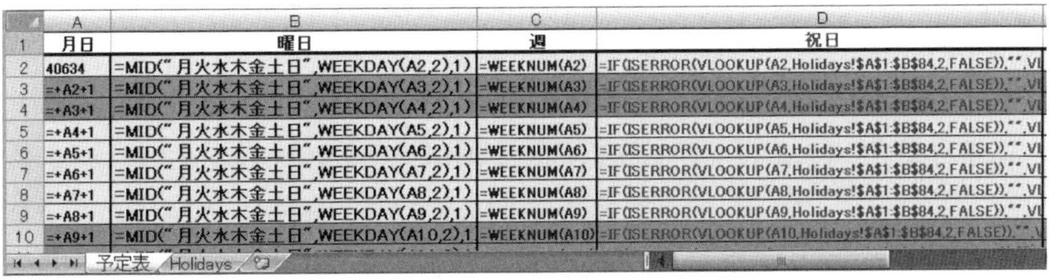

図 1-2　カレンダー部分の数式

日付欄：セルA2は，空白にしておきます。図1-2では，「2011/04/01」が入力されているので，その日付のシリアル値である「40634」が現れていますが，作成時は空白としておきます。

　　セルA3には，「=+A2+1」の式を入力します。この数式は，「A2，すなわち，すぐ上のセルの値に1を足したものとする」という意味です。使用時にはセルA2に日付が入ります。この数式によって，A2に表示されている日付の次の日が表示されます。そして，このセルを下方にコピー&ペーストすると，1日ずつずれた日付が作られていきます。また，数式なので，先頭の日付を変えるだけで，すべての日付を変えられます。

曜日欄：B2には，「=MID("月火水木金土日",WEEKDAY(A2,2),1)」という式が入っています。2つの関数を組み合わせて曜日を表示しています。WEEKDAY関数は，WEEKDAY（シリアル値，種類）のような形式で使います。シリアル値は，A2のように日付の入ったセルを指定します。種類を2とすると，1（月曜）〜7（日曜）の範囲の整数を得られます。当該日が月曜であれば，1という数字を得ることになります。

　　この得られた数字を使って，「月火水木金土日」の文字列から，MID関数を使って曜日を表す漢字を取り出しています。MID関数は，MID（文字列，開始位置，文字数）のように使います。「月火水木金土日」の先頭（1）から1文字を切り出す数式はMID("月火水木金土日",1,1)となり，この数式で得られる結果は，「月」となります。

　　先頭のセルに式を入力し，最終行までドラッグしてコピー&ペーストすると，A列の日付に対応して曜日が表示されます。

週欄：C2には，「=WEEKNUM(A2)」という式が入っています。セルA2の日付が，年間何週目にあたるかを表示しています。

祝日欄：D2には，「=IF(ISERROR(VLOOKUP(A2,Holidays!$A$1:$B$84,2,FALSE)),"",VLOOKUP(A2,Holidays!$A$1:$B$84,2,FALSE))」という式が入っています。A列の日付に対応して，手作業で祝日を入力するのは煩わしいので，休日リストのシートを検索して，祝日名を表示して

います。

VLOOKUP関数は，VLOOKUP（検索値，範囲，列番号，［検索の型］）という形で使います。

休日リストのシート（Holidays）には，図1-3のような休日リストが入力されています。VLOOKUPの検索値に当該日付（A2に入っている）を指定し，「Holidays」シートの範囲（＄A＄1:＄B＄100）を指定すると，検索値を発見した行の列番号（2）のデータ（祝日の名前）を得られます。検索の型はFALSEとし，完全に一致する値だけを検索しています。

VLOOKUP関数は，検索する日付が見つからないと，エラーを返します。そこで，ISERROR関数でエラーを検出しています。エラーの場合は空白を，それ以外の場合は検出された休日データを表示しています。エラー処理の基本パターンは次のようなものです。覚えておくと便利です。

図1-3　休日リスト

＜エラー処理の基本パターン＞
=IF(ISERROR([目的の処理]),"",[目的の処理])
IFとISERRORを組み合わせて，[目的の処理]がエラーになった場合は，「""」（空白）が表示され，エラーでない場合は[目的の処理]の結果が表示されるようにする。

② 行事項目，時間割欄を作る

各列の1行目に，見出しとして項目名を入力します。データは使用時に入力します。

カレンダー部分の2行目に数式を入力し終わったところで，B2：S2を選択してコピーし，B3から貼り込みます。その後A3：S3をコピーし，下方へ必要なだけ貼り付け，カレンダー部分を作成します。セルA2には有効な式が入っていないので，3行目に数式の入ったセルをそろえ，下方へコピー＆ペーストします。

実際には，次の③でカレンダー部分の「条件付き書式」の設定が終わってから，3行目をコピー＆ペーストします。

③ 予定表の色分けをする

当日にあたる日付の行，土日の行，すでに過ぎた過去の日付の行の色分けをするために，条件付き書式を設定します。A2：S2のセルを選択して，「ホーム」タブの「条件付き書式」をクリックします。プルダウンメニューから「新しいルール」を選びます（図1-4）。「新しい書式ルール」のダイアログボックスで「数式を使用して，書式設定するセルを決定」を選び（図1-5），数式「=WEEKDAY($A2,2)>5」を入力します。「書式」をクリックし，「セルの書式設定」のダイアログボックスで，「塗りつぶし」の色を選びます。土曜日，日曜日のセルを灰色で表示するため，灰色を選んでおきます。「OK」をクリックして「条件付き書式」の設定を終わります。この手順を，数式「=TODAY()=$A2」（当日のセルの色表示）と「=TODAY()>$A2」（当日以前のセルの色表示）について行います。当日，当日以前の色は適宜選びます。

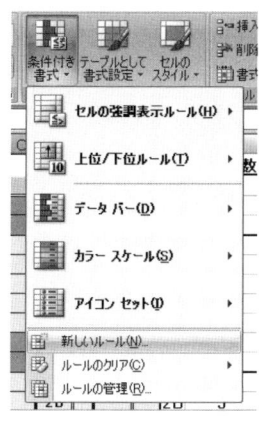
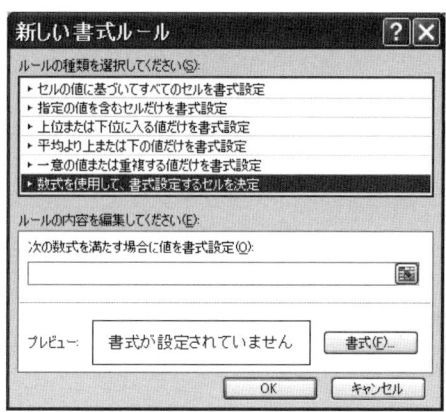

図 1-4 新しいルール　　　　図 1-5 数式を使用してセルを決定

　A2：S2 に，上記 3 つの条件式を設定し終わったら，この書式をすべてのカレンダー部分に適用するために，A2：S2 を選択してコピーします。ペースト先に A3 を選択して，「形式を選択して貼り付け」→「書式」を選んで貼り付けます。これで，A3：S3 の範囲に数式と書式の設定ができました。

　A3：S3 を選択し，選択範囲の右下へカーソルをあて，カーソルが「＋」（黒十字）に変わったら，下方へドラッグしてコピー＆ペーストします。最低 1 年分はコピー＆ペーストしておきましょう。これで，カレンダー部分は完成です。

(3) 予定表に集計部分を作る
　① 組欄，週授業数欄を作る
　　組欄：「予定表」シートの，セル T1 に「組」，U1 に「週授業数」，V1 に「累計」と入力し，見出しとします。

　　　図 1-1 の予定表では，4 月 1 日が金曜日から始まっています。週単位で計数するので，計数部分はセル T5 の月曜日にあたる部分から作ります（図 1-6）。期日と曜日の整合性を心配する必要はありません。実際の使用時に，計数部分の曜日のセルに合わせて，開始期日を入力すれば

よいのです。

組欄はT5～T10までです。したがって，6つの組名（授業名）を割り当てることができます。使用者が適宜入力します。T11の「計」は週合計欄の見出しです。

週授業数欄：左隣にある組名（授業名）を，その週のすべての範囲から，検索し数を数えるという式が入っています。セルU5の場合，検索する組名はT5に入っています。検索する範囲は，F5とR10を対角とする範囲です（図1-1）。

セルU5に入れる数式は，「=COUNTIF(F5:R10,T5)」となります。以下，U10まで，検索範囲は変わらず，クラス名部分がT6，T7…と変化した数式が入ります（図1-6）。

U5以下のセルに数式を入力するためには，セルU5をドラッグして，U10までコピー＆ペーストすればよいと考えがちです。しかし，それは間違いです。そうすると，F5：R10の検索範囲も1行ずつ下へずれてしまうからです（図1-7）。すべての英文字と数字の組み合わせが，セル参照と判断され，数字が加算されてしまいます。

	T	U	V
1	組	週授業数	累計
2			
3			
4			
5	2A	=COUNTIF(F5:R10,T5)	=+U5
6	2B	=COUNTIF(F5:R10,T6)	=+U6
7	2C	=COUNTIF(F5:R10,T7)	=+U7
8	3E	=COUNTIF(F5:R10,T8)	=+U8
9	3F	=COUNTIF(F5:R10,T9)	=+U9
10		=COUNTIF(F5:R10,T10	=+U10
11	計	=SUM(U5:U10)	=+U11
12	2A	=COUNTIF(F12:R17,T1	=+V5+U12
13	2B	=COUNTIF(F12:R17,T1	=+V6+U13
14	2C	=COUNTIF(F12:R17,T1	=+V7+U14
15	3E	=COUNTIF(F12:R17,T1	=+V8+U15
16	3F	=COUNTIF(F12:R17,T1	=+V9+U16
17		=COUNTIF(F12:R17,T1	=+V10+U17
18	計	=SUM(U12:U17)	=+V11+U18

予定表 / Holidays / Sheet2 / Sheet3

図1-6　集計部分の数式

1	=COUNTIF(F5:R10,T5)
2	=COUNTIF(F6:R11,T6)
3	=COUNTIF(F7:R12,T7)
4	=COUNTIF(F8:R13,T8)
5	=COUNTIF(F9:R14,T9)
6	=COUNTIF(F10:R15,T10)
7	

図1-7　1行目をドラッグすると間違った式になる

では,「$」を付けて絶対参照にすればよいのでしょうか。そうすると,この週ごとの時間数計算のためのブロックを,下にコピー&ペーストしてすべての週に適用することができなくなります。

これを解決するには,2つの方法があります。1つは,辛抱してU5からU10まで1つずつ検索範囲を指定して,数式を入力する方法です。ここでは,6つほどですので可能でしょう。

しかし,数が多くなると気が遠くなります。第2の方法は,エクセルの特性を利用して,まとめて数式を作る方法です。

新しいシートを用意して,セルA1に「'=COUNTIF（F5:R10,T5）」と入力します。「T5の値をF5:R10の範囲から探して数えるための式」の先頭に「'」（アポストロフィー）を付けたものです。セルA1を選択し,セルの右下にカーソルをあてると,カーソルが「＋」の形に変わります。そのまま下方へドラッグすると,文字列内の最後の数字が1ずつ増加して下方のセルにコピー&ペーストされます。こうすると,A1のセルに入った文字列の最後の数字である「5」だけが増加していきます。こうして,エクセル上でできた6個の式の入ったセルをコピーします。次に,テキストエディタを立ち上げて,コピーしたものを貼り付けます。するとテキストエディタ上では,先頭の「'」が取れて表示されます。それを再度コピーして,エクセルの当該箇所に貼り込みます。この場合は,予定表シートのセルU5を選択して貼り付けます。すると式として機能し,U5:U10に数値が表示されます。セルU11には,週合計を計算する「=SUM」（U5:U10）を入力します。

② **通算授業時間数欄を作る**

図1-6を見てください。V5～V10のセルは計数の一番はじめの欄なので,＋U5～＋U10と最初の週の授業時間数を参照します。次の週には,前の週との合計を取るので,V12～V17のセルには「=+V5+U12」～「=+V10+U18」の式が入っています。これで,最初の週と次週の計数部分が完成しました。

3週目以降の時間数計数部分は，2週目のU12：VB18の範囲と同じ数式です。U12：VB18の範囲を選択しコピーします。次に，ペースト先を選択し貼り付けます。実際には，TUV列を7行単位でハイライトさせ選択していきます。カレンダーの終了する部分まで選択したら，貼り付けます。

1.2　穴埋め問題（ドリル付き）

問題の原文と空所にしたい部分を入力すると，問題ができます。コンピュータ上で練習できるようにも設定できます。どの教科でも，利用可能です。

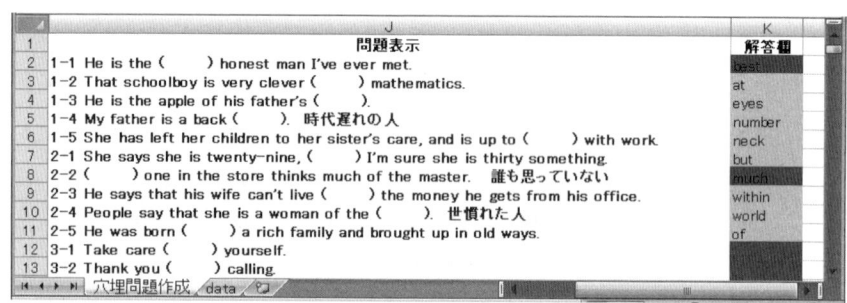

図1-8　問題画面

1.2.1　シート概要

(1) **シートの目的**：穴埋め問題を作る。

(2) **仕様**：例文と出題する語を入力すると，穴埋め問題ができる。必要があれば，日本語訳なども付加できる。解答を入力すると採点される。データシートから原文をリンクして処理する。コンピュータ上で，練習問題としても使用できる。英語だけでなく，国語，社会，理科などにも対応できる。

(3) **使用する技術**

　書式：条件付き書式，セルの背景色の設定

　セル参照法：他シート上のセルの参照

関数など：LEFT, RIGHT, LEN, SUBSTITUTE, &
シート操作：シートの命名
キー操作：数式の表示／非表示

1.2.2 シート解説及び使用法

　SUBSTITUTE 関数を用いて，英文に空所を設定し，穴埋め問題を作ります。条件付き書式を用いることで，解答の正誤を判断し，背景色を変えて表示します。

　英文はデータシートからリンクしているので，英文データを増やし，問題作成シートを拡張すれば，データのある限り問題を作成できます。

　コンピュータ上での自習問題として，あるいは，練習プリントやテストとしても利用できます。解説を記述しておけば，解答部分と解説部分を印刷して，解説プリントとして利用することも可能になります。また，改造すれば，解答の正誤にしたがって，解説を表示することもできます。データに難易度や学年配当，文法項目などを付けておけば，データベース兼問題作成ツールとなります。

　使用するには，データシートに英文を入力し，「Key word」欄に出題したい語を入力します。すると，穴埋め問題ができあがります。必要があれば，日本語の欄に日本語を入力します。問題の右側のセルに解答を入力すると，正解の場合はセルの背景色が緑に，誤答の場合は赤になります。

1.2.3 シート作成

1.2.3.1 シート作成の方針

(1) 原文入力，穴埋め問題の作成を，別々のシートで行う。
(2) 問題は，出題部分を入力することで作成されるよう設定する。
(3) 問題は，5問を1セットとして出題する。
(4) 問題は，コンピュータ上で練習できるようにも設定する。
(5) 問題には日本語訳も付加できる。

1.2.3.2 作成手順

(1) 問題データシートを作る（「data」と命名）
(2) 穴埋め問題作成シートを作る（「穴埋問題作成」と命名）
　① 問題番号を作成する（セル参照＋1）
　② 問題とする語を入力する欄を作る（Key word とする）
　③ 原文を表示する欄を作る（シートをまたいだ参照式，シート名！セル番地）
　④ 検索用本文欄を作る（読点処理，スペースの付加：left，len，&）
　⑤ 暫定問題欄を作る（substitute，&）
　⑥ 問題欄を作る（読点処理：&）
　⑦ 日本語欄を作る
　⑧ 問題表示欄を作る（参照式：&）
　⑨ 解答欄を作る（条件付き書式）
　⑩ シートを保護する

図1-9　問題作成シート

1.2.3.3 手順解説

新しいブックを開き，「穴埋問題」と命名して，いったん保存します。

(1) **問題データシートを作る**

Sheet2 を「data」と命名します。A1 から A 列に英文データを入れておきます。

	A
1	He is the most honest man I've ever met.
2	That schoolboy is very clever at mathematics.
3	He is the apple of his father's eyes.
4	My father is a back number.
5	She has left her children to her sister's care, and is up to neck with work.
6	She says she is twenty-nine, but I'm sure she is thirty something.
7	No one in the store thinks much of the master.
8	He says that his wife can't live within the money he gets from his office.
9	People say that she is a woman of the world.
10	He was born of a rich family and brought up in old ways.
11	Take care of yourself.
12	Thank you for calling.
13	We need to grow wheat.

図 1-10　data シート

(2) 穴埋め問題作成シートを作る

Sheet1 を「穴埋問題作成」と命名します。

A 列～ I 列までが問題作成用（図 1-9），J，K 列が問題表示用（図 1-8）です。まず，見出しを A1 ～ K1 まで，図にしたがって入力します。

① 問題番号を作成する

A，B，C 列を使って，問題番号を作成します。この例では，大問の中に小問が 5 つという構成にしてあります。大問の番号は，A2 に 1 を，A7 に「+A2+1」を入れます。B 列には，B2 ～ B6 までは 1 ～ 5 のデータを，B7 ～ B11 には 5 つ上のセルを参照する式を，図 1-11 のように入力しておきます。C 列の数式は C2 に「=+A2&"-"&B2&""」，C3 に「=+A2&"-"&B3&" "」，以下 C6 まで同様の数式が入ります（図 1-11）。C2：C6 までをコピーし，C7：C11 にペーストします。

その後，A7：C11 をコピーして，下方へ必要なだけペーストします。その際，3 列 5 行単位でペーストしてください。大問番号と小問番号を相対参照で記述しているので，参照式が変化し，問題番号が表示されていきます。

小問の数は 1 ブロックの行数を増やすことで変えられます。また，数字の代わりにアルファベットなどを使うと，小問の記号を変えることができきます。

	A	B	C
1	大問	小問	問題番号
2	1	1	=+A2&"-"&B2
3		2	=+A2&"-"&B3
4		3	=+A2&"-"&B4
5		4	=+A2&"-"&B5
6		5	=+A2&"-"&B6
7	=+A2+1	=+B2	=+A7&"-"&B7
8		=+B3	=+A7&"-"&B8
9		=+B4	=+A7&"-"&B9
10		=+B5	=+A7&"-"&B10
11		=+B6	=+A7&"-"&B11
12	=+A7+1	=+B7	=+A12&"-"&B1
13		=+B8	=+A12&"-"&B1

穴埋問題作成　data

図 1-11　問題番号の生成

② 問題とする語を入力する欄を作る（Key word とする）

D2 以下のセルは何も入力しません。問題作成時に使用します。

③ 原文の表示欄を作る

原文を表示するセル E2 には，「=+data!A1」と入力します。データシートの先頭のセルを参照しています。同じブックの別のシートのセルを参照するには，「=+シート名！セル名」とします（図 1-12 の E 列）。

④ 検索用原文欄を作る

セル F2 には「=" "&LEFT(E2,LEN(E2)-1)&" "」が入ります。文字列の長さ LEN（E2）から 1 引いた長さを，セル E2 にある文字列の左側から取り出すことで，本文末尾の読点を取ります。次に，文頭と文末にスペースを付加しています。スペースで単語を切り分けるので，このような処理が必要となります。

⑤ 暫定問題欄を作る

セル G2 には，「=SUBSTITUTE(F2," "&D2&" ","(　　　　)")」という数式が入っています。セル F2 の検索用本文から，D2 の「Key word」欄に入力された語を検索し，括弧に置き換えています。括弧の置き換えは，SUBSTITUTE 関数を使い，空所にする語（セル D2 にある）の両端にスペースを付け加えてから処理しています。

E	F	G	H
原文	検索用原文	暫定問題	問題
=+data!A1	=" "&LEFT(E2,LEN(E2)-1)&" "	=SUBSTITUTE(F2," "&D2&" "," (")")	=LEFT(G2,LEN(G2)-1)&RIGHT(E2,1)
=+data!A2	=" "&LEFT(E3,LEN(E3)-1)&" "	=SUBSTITUTE(F3," "&D3&" "," (")")	=LEFT(G3,LEN(G3)-1)&RIGHT(E3,1)
=+data!A3	=" "&LEFT(E4,LEN(E4)-1)&" "	=SUBSTITUTE(F4," "&D4&" "," (")")	=LEFT(G4,LEN(G4)-1)&RIGHT(E4,1)
=+data!A4	=" "&LEFT(E5,LEN(E5)-1)&" "	=SUBSTITUTE(F5," "&D5&" "," (")")	=LEFT(G5,LEN(G5)-1)&RIGHT(E5,1)
=+data!A5	=" "&LEFT(E6,LEN(E6)-1)&" "	=SUBSTITUTE(F6," "&D6&" "," (")")	=LEFT(G6,LEN(G6)-1)&RIGHT(E6,1)
=+data!A6	=" "&LEFT(E7,LEN(E7)-1)&" "	=SUBSTITUTE(F7," "&D7&" "," (")")	=LEFT(G7,LEN(G7)-1)&RIGHT(E7,1)
=+data!A7	=" "&LEFT(E8,LEN(E8)-1)&" "	=SUBSTITUTE(F8," "&D8&" "," (")")	=LEFT(G8,LEN(G8)-1)&RIGHT(E8,1)
=+data!A8	=" "&LEFT(E9,LEN(E9)-1)&" "	=SUBSTITUTE(F9," "&D9&" "," (")")	=LEFT(G9,LEN(G9)-1)&RIGHT(E9,1)
=+data!A9	=" "&LEFT(E10,LEN(E10)-1)&" "	=SUBSTITUTE(F10," "&D10&" "," (")")	=LEFT(G10,LEN(G10)-1)&RIGHT(E10,1)
=+data!A10	=" "&LEFT(E11,LEN(E11)-1)&" "	=SUBSTITUTE(F11," "&D11&" "," (")")	=LEFT(G11,LEN(G11)-1)&RIGHT(E11,1)
=+data!A11	=" "&LEFT(E12,LEN(E12)-1)&" "	=SUBSTITUTE(F12," "&D12&" "," (")")	=LEFT(G12,LEN(G12)-1)&RIGHT(E12,1)
=+data!A12	=" "&LEFT(E13,LEN(E13)-1)&" "	=SUBSTITUTE(F13," "&D13&" "," (")")	=LEFT(G13,LEN(G13)-1)&RIGHT(E13,1)

図 1-12　問題作成部分

⑥　**問題欄を作る**

　暫定問題の右端のスペースを取り除いたものと，原文の読点を切り出したものを，結合します。セル H2 の数式は「=LEFT(G2,LEN(G2)-1)&RIGHT(E2,1)」となります。

⑦　**日本語欄を作る**

　セル I2 は，日本語を入れる部分ですので，空白のままです。日本語は使用時に必要に応じて入力します。データシートからリンクしてもよいのですが，要不要は作られる問題によるので，問題作成時に付加することにします。

⑧　**問題表示欄を作る**

　セル J2 では，「=+C2&+H2&" "&I2」と，問題番号，問題，日本語をつなげて表示します（図 1-8 の J 列）。

⑨　**解答欄を作る**（図 1-8 の K 列）

　セル K2 には，何も入力しませんが，条件付き書式を設定します。解答の正誤によりセルの色を変えるためです。「ホーム」タブの「条件付き書式」（図 1-13）より，「新しいルール」→「数式を使用して書式設定するセルを決定」とたどり，数式に「=D2=K2」（「Key Wword」と解答が等しい場合）を設定します。「書式」で，塗りつぶし色を緑（正解の色）に設定します（図 1-14）。「OK」をクリックし決定します。

さらに，もう1つ新しいルールを数式「D2<>K2」（誤答の場合，色は赤）として設定します。

ここで，ここまで設定した数式などを，シートの必要部分にコピー＆ペーストします。D2：K2をコピーし，D～K列の3行目以降の部分にペーストします。番号との釣り合いがあるので，5行単位で貼り付けるとよいでしょう。

例文をデータシートに入力し，表示される原文に沿ったKey wordと日本文を入力すれば，問題表示の列に問題が表示されます。

図1-13　条件付き書式

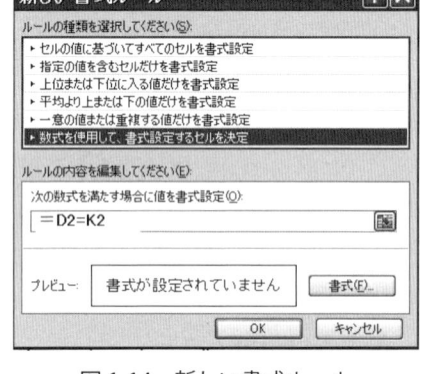

図1-14　新しい書式ルール

⑩　シートを保護する

コンピュータ上で使われる練習問題とするときには，このままでは原文が見えてしまいます。いくつかの設定をして，原文や答えなどを隠します。

まず，A列～I列を選択し，非表示とします。次に，解答欄のK列を選択し，「校閲」のタブから「範囲の編集を許可」（図1-15）→「新規」→「新しい範囲」（図1-16）とたどります。設定画面で，「範囲パスワード」には何も入力せずに，「OK」とすると，編集許可範囲が設定されます。次

に，「校閲」タブから「シートの保護」（図 1-17）を選んで，パスワードを設定して，「OK」とします。シートが保護され，解答欄のみしか編集ができなくなります。同様に「data」シートも非表示にして，パスワードで保護しておきます。パスワードは必ずメモしておきましょう。

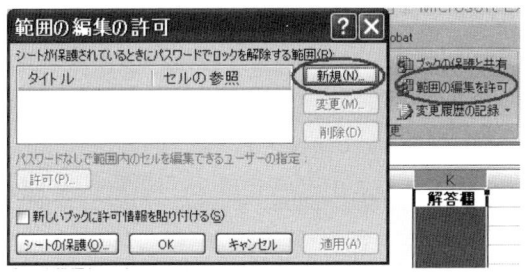

図 1-15　範囲の編集の許可

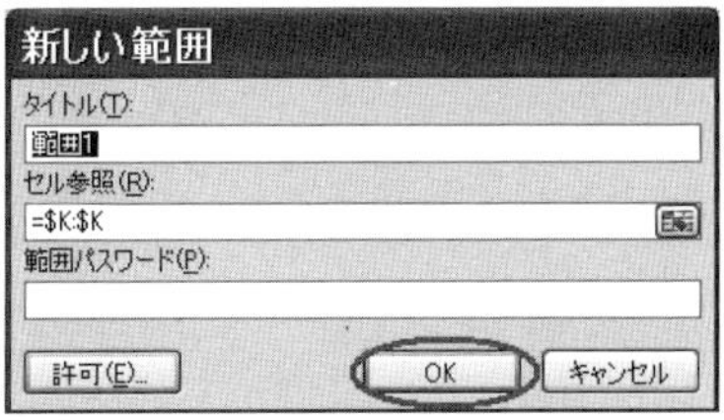

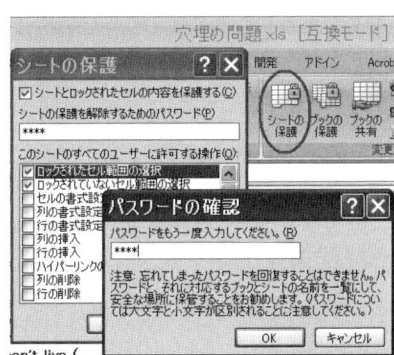

図 1-16　新しい範囲の設定

図 1-17　シートの保護

1.3　英文難易度分析

英文内の単語の難易度と英文の難易度に関係する情報を表示します。

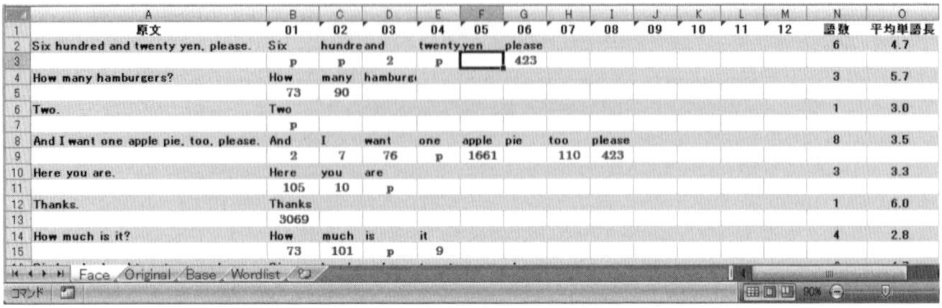

	A	B	C	D	E	F	G	H	I	J	K	L	M	N	O
1	原文	01	02	03	04	05	06	07	08	09	10	11	12	語数	平均単語長
2	Six hundred and twenty yen, please.	Six	hundre	and	twenty	yen	please							6	4.7
3		p	p	2	p		423								
4	How many hamburgers?	How	many	hamburg										3	5.7
5		73	90												
6	Two.	Two												1	3.0
7		p													
8	And I want one apple pie, too, please.	And	I	want	one	apple	pie	too	please					8	3.5
9		2	7	76	p	1661		110	423						
10	Here you are.	Here	you	are										3	3.3
11		105	10	p											
12	Thanks.	Thanks												1	6.0
13		3069													
14	How much is it?	How	much	is	it									4	2.8
15		73	101	p	9										

図 1-18　Face シート

1.3.1　シート概要

(1)　**シートの目的**：英文の難易度に関係する情報を示す。

(2)　**仕様**：入力された英文を単語に分解し，語数，平均単語長を表示する。単語リストを検索し，単語の出現頻度レベルを表示する。12 語文までに対応する。

(3)　**使用する技術**

書式：文字色，背景色の設定

セルの参照法：間隔をあけたセル参照の作成

関数など：VLOOKUP，LEN，SEARCH，MID，COUNT，IF，ISERROR

キー操作：数式の表示

シート操作：シートを複数枚使った参照による演算，シートの追加

テキストエディタの使用：スペース，カンマ，ピリオドの処理，参照式の処理

1.3.2　シート解説及び使用法

図 1-18 のシートは，当初の目的を達するための 4 枚のシートのうちの 1 枚です。MID 関数で英単語を切り出し，VLOOKUP 関数を用いてリストを検索し，

難易度情報を得ています。

　シート名は「Face」としています。原文を入力する「Original」シート，各種処理を行う「Base」シート，単語レベルを記した「Wordlist」シートと連携しています。1枚のシートでは複雑になるものでも，複数のシートを使うと，わかりやすく作ることができます。

　英文の難易度を推定することで，テスト等を作成する際の目安を得られます。さらに，語数，語長といった語のレベルで得られた数値を使って，英文の難易度を計算することも考えられます。ここでは，単語の難易度情報をJACETの英単語リスト「JACET8000」から得ています（JACETのウェブサイト（http://j-varg.sakura.ne.jp/）より，8000語のうち4250語をダウンロードできます）。必要に応じて，英単語リストのレベル表示を，中1〜中3，高1〜高3などに替えたり，教科書での出現リストなどにすることで，利用範囲が広がります。

　使用するには，「Original」シートのセルA2から英文を入力します。「Face」シートを開くと，各英文が単語分解され，それぞれの語のレベルが表示されます。また，語数，語長平均も表示されます。12語までの文に対応します。それ以上の長さの英文を処理する場合は，改造します。単語の語尾変化は処理していません。処理するためには，単語リストに新たな語形を加える必要があります。

1.3.3　シート作成

1.3.3.1　シート作成の方針

(1) 原文入力，英文の処理，結果表示を別々のシートで行う。
(2) 英文は単語に分割し，単語長，単語数，語長平均，単語のレベルを表示する。
(3) 単語レベルの表は，JACET8000の一部を使う。

1.3.3.2　作成手順

(1) 原文入力シートを作る（Originalと命名）
(2) 英文処理シートを作る（Baseと命名）

① 原文を参照する欄を作る（シートをまたいだ参照式：シート名！セル番地）
② 句読点の処理部分を作る
カンマ消去処理欄を作る（SUBSTITUTE）
文末の読点の処理欄を作る（LEN，LEFT，&）
③ 文中のスペース位置欄を作る
スペースを検出（SEARCH，IF，ISERROR）
④ 単語切り出し欄を作る
単語の切り出し（MID，IF，ISERROR）
⑤ 単語長の計測欄を作る（LEN）
⑥ 語数の計数欄を作る（COUNT，IF）
⑦ 語長の平均欄を作る（SUM，/）

⑶ 語彙リストシートを作る（**Wordlist** と命名）
① JACET の英単語リストをダウンロードし，貼り付ける

⑷ 結果を表示するシートを作る（**Face** と命名，1 件のデータセットが 2 行にわたる配置）
① 原文表示欄，分解された単語の表示欄，平均単語長欄，語数欄（間隔をあけたセル参照式）を作る
② 単語リスト検索部分を作る（VLOOKUP，IF，ISERROR）

1.3.3.3　手順解説

　新しいブックを開き，適切な名前を付け，いったん保存します。これで，名前の付いたブックができあがります。シート下部に 3 つのタブがあり，sheet1 ～ 3 となっています。タブの一番右にある「シート追加のアイコン」をクリックして 4 枚目のシートを追加します。Sheet4 となります。シートをそれぞれ，Face，Original，Base，Wordlist と名付けます。シート名をアルファベットにするのは，シート参照名に日本語文字が入るのを避けたいからです。

⑴ 原文入力シートを作る（図 1-19）
　「Original」シートを開き，セル B1 に「Original」と見出しを付けます。A

列はA2より1，2…と通し番号を振っておきます。B列に，適宜，英文データを入力しておきます。

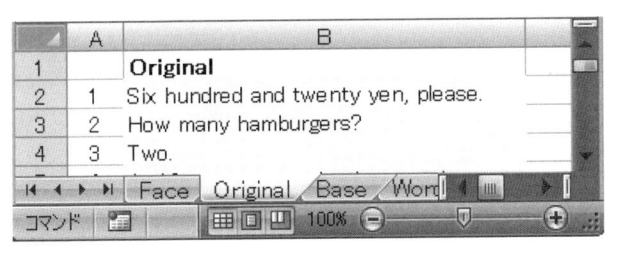

図1-19　Original（原文）シート

(2) 英文処理シートを作る

① 原文を参照する欄を作る（図1-20）

「Base」シートのセルA1に，「原文」と入力し，A列を「Original」シートよりデータを参照する欄とします。セルA3を選択し，「+」を入力後，「Original」シートのタブをクリックし，「Original」シートの原文欄のセルB2をクリックします。すると，シートをまたいだ参照式「+Original!B2」が「Base」シートのA3に入力され，「Original」シートに入力されているデータが現れます。

② 句読点の処理部分を作る（図1-20）

「Base」シートのセルB1に「カンマの削除」と入力し，列見出しを付けます。B3に「=SUBSTITUTE(A3,",","")」と，A3の原文中のカンマを消去したものを表示する式を入れます。

セルC3には，「=LEFT(B3,LEN(B3)-1)&" "」という式が入ります。これは，B3のカンマを取り去った原文から，文末のピリオド（.），クエスチョンマーク（?），エクスクラメーションマーク（!）を取り，末尾にスペースを1つ加える式です。文尾にスペースがないと，単語を切り出しにくいからです。これで，原文を処理できる形に整形できました。

	A	B	C
1	原文	カンマの削除	文末の処理
2			
3	=+Original!B2	=SUBSTITUTE(A3,",","")	=LEFT(B3,LEN(B3)-1)&" "
4	=+Original!B3	=SUBSTITUTE(A4,",","")	=LEFT(B4,LEN(B4)-1)&" "
5	=+Original!B4	=SUBSTITUTE(A5,",","")	=LEFT(B5,LEN(B5)-1)&" "
6	=+Original!B5	=SUBSTITUTE(A6,",","")	=LEFT(B6,LEN(B6)-1)&" "

図1-20　原文の処理

③ **文中のスペース位置欄を作る**（図1-21）

次に，文中のスペースの位置を検出します。D～N列にスペースの位置を検出する式を入力します。まず，D1：N1を選択し，書式設定でセルを結合した後，「スペースの位置」と，見出しを入力しておきます。

セルD3に，「=IF(ISERROR(SEARCH(" ",$C3)),"",SEARCH(" ",$C3))」と入力します。文末の処理が終わった原文（C3）の先頭からスペースを検索しています。

右隣のセルE3には，「=IF(ISERROR(SEARCH(" ",$C3,D3+1)),"",SEARCH(" ",$C3,D3+1))」と入力します。1つ前のスペース位置（D3）以降にある最初のスペースの位置を検索しています。

以降，セルE3同様の式をN3まで入力します。実際には，セルE3を選択し，N3までドラッグしてコピー＆ペーストします。セルE3以降の数式は，自動的にセル参照が変化して，設定されます。

セルD3の数式で，スペースを探しているのはSEARCH(" ",C3)，SEARCH(" ",$C3+1)の部分です。SEARCH関数の書式は，SEARCH（［検索文字列］，［対象］，［開始位置］）です。この数式では，C3の「処理済みの原文」からスペースを探しています。開始位置を示していない（3番目の引数がない）ので，文頭から探します。セルE3の数式でも，C3の「処理済みの原文」からスペースを探します。しかし，探し始める位置は，D3（最初のスペースの位置）に1を足した所，すなわち，最初のスペースの次から探し始めます。そこで，E3は2番目のスペースの位置を示すことになります。同様に，N3までスペースを探していきます。文がなく

	D	E
1		スペースの位置
2	1	2
3	=IF(ISERROR(SEARCH(" ",$C3)),"",SEARCH(" ",$C3))	=IF(ISERROR(SEARCH(" ",$C3,D3+1)),"",SEARCH(" ",$C3,D3+1))
4	=IF(ISERROR(SEARCH(" ",$C4)),"",SEARCH(" ",$C4))	=IF(ISERROR(SEARCH(" ",$C4,D4+1)),"",SEARCH(" ",$C4,D4+1))
5	=IF(ISERROR(SEARCH(" ",$C5)),"",SEARCH(" ",$C5))	=IF(ISERROR(SEARCH(" ",$C5,D5+1)),"",SEARCH(" ",$C5,D5+1))
6	=IF(ISERROR(SEARCH(" ",$C6)),"",SEARCH(" ",$C6))	=IF(ISERROR(SEARCH(" ",$C6,D6+1)),"",SEARCH(" ",$C6,D6+1))
7	=IF(ISERROR(SEARCH(" ",$C7)),"",SEARCH(" ",$C7))	=IF(ISERROR(SEARCH(" ",$C7,D7+1)),"",SEARCH(" ",$C7,D7+1))
8	=IF(ISERROR(SEARCH(" ",$C8)),"",SEARCH(" ",$C8))	=IF(ISERROR(SEARCH(" ",$C8,D8+1)),"",SEARCH(" ",$C8,D8+1))

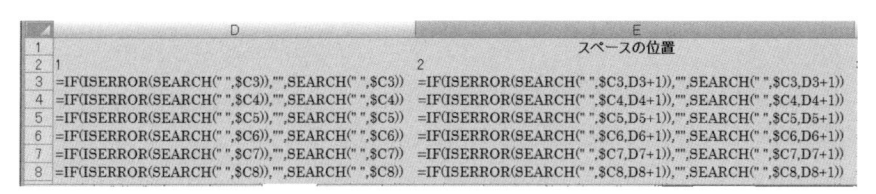

図 1-21　スペースの検出

なればエラーになるので，エラー処理がなされ，何も表示されません。

この数式では，IF 関数と ISERROR 関数を使って，スペースが検出されずエラーが出た場合に，エラーが表示されないよう処理しています。

④ **単語切り出し欄を作る**（図 1-22）

次に，得られたスペースの位置を使って，C3 の英文から単語を切り出します。P 列から AA 列までを使用します。まず，P2 から AA2 に，1 ～ 12 の数字を見出しとして入力しておきます。

セル P3 には，「=IF(ISERROR(MID($C3,1,D3-1)),"",MID($C3,1,D3-1))」，セル Q3 には，「=IF(ISERROR(MID($C3,D3+1,E3-D3-1)),"",MID($C3,D3+1,E3-D3-1))」という式が入っています。IF 関数と ISERROR 関数は，エラー処理です。

文字列の一部を取り出す MID 関数の書式は，「MID（[文字列]，[開始位置]，[文字数]）」です。

セル P3 では，「MID($C3,1,D3-1)」として，C3 の処理済み原文の開始位置「1」，すなわち先頭から文字数 =D3-1（最初のスペースの位置から 1 引いた長さ）を切り出しています。

セル Q3 では，D3+1（初めのスペースのつぎの位置）から，E3-D3-1（2 つ目のスペースの位置から 1 つ目のスペースの位置を引き，さらにスペース 1 つ分をとった長さ），すなわち 2 つ目の単語の長さを切り出しています。

これも，数式をセル P3 と Q3 に入力し，Q3 を AA3 までドラッグしてコピー＆ペーストして設定します。

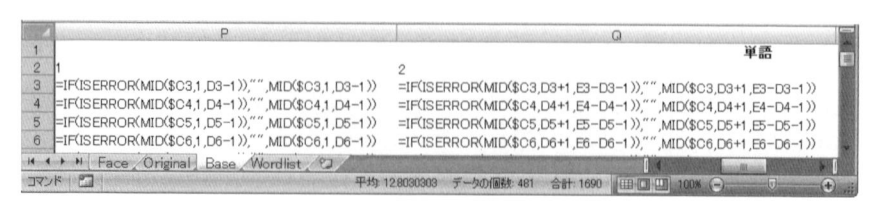

図1-22　単語の切り出し

⑤　**単語長の計測欄を作る**

　　セル AB3 〜 AM3 を使用して，単語長を表示します。AB2 〜 AM2 に 1 〜 12 の数字を入れ，見出しとしておきます。セル AB3 に，数式「=IF (LEN(P3)=0,"",LEN(P3))」を入力します。この数式の，「LEN(P3)」は P3 の単語長を表示します。単語長が 0，すなわち単語がない場合は，IF 関数を用いて空白を表示させています。セル AB3 を AM3 までコピー＆ペーストします。

⑥　**語数の計数欄を作る**（図 1-23）

　　セル AN2 に，「語数」と入力して見出しとします。セル AN3 に，語数を数える「=COUNT(D3:O3)」の数式を入力します。COUNT 関数を使うと，数値が入力されているセルの個数が得られます。D3：O3 の範囲のスペースの位置を示しているセルの数を数え，単語の数とします。

⑦　**語長の平均欄を作る**

　　セル AO2 に，「平均単語長」と見出しを付けます。セル AO3 には，「=SUM(AB3:AM3)/AN3」と入力し，単語長の総計「SUM(AB3:AM3)」を語数（AN3）で割っています。

図 1-23　計数部分

(3) **語彙リストシートを作る**（図 1-24）
① **JACET の英単語リストをダウンロードし，貼り付ける**

語彙リストは，JACET の英単語リスト「JACET8000」を使用します。JACET のウェブサイトからダウンロードします。これは，JACET8000 の一部（4250 語）です。このリストは，エクセルファイルに入っています。

ダウンロードしたファイルを開き，データ範囲をすべてコピーし，「Wordlist」シートに貼り付けます。見出し単語には，括弧内に別表記があるのものもあるので，適宜処理します。

処理が終わったら，セル A1 を選択して，「データ」のタブから「並べ替え」の「AZ↓」ボタンで，ソートしておきます。

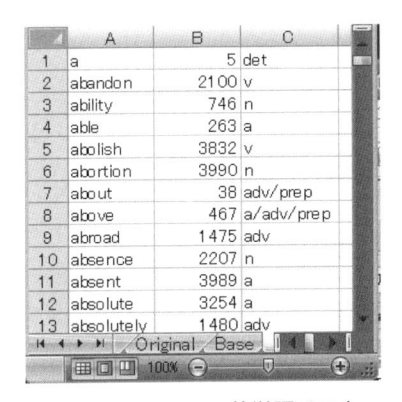

図 1-24　JACET の英単語リスト

(4) **結果を表示するシートを作る**
① **原文表示欄，分解された単語の表示欄，平均単語長欄，語数欄を作る**

「Face」シート（図 1-18）を開きます。このシートでは，1 件のデータセットの表示に 2 行使用します。英文・単語・語数・単語長平均に 1 行，リストより参照した単語の出現頻度の表示に 1 行使います。

シートの 1 行目を項目見出しとして，「原文」，単語の表示部「01」〜「12」，「語数」，「平均単語長」と入力します。

次に,「Base」シートから原文とその他の情報を参照します。「Base」シートでは,データが連続したセルに入っています。一方,「Face」シートでは,1行おきにこのデータを表示することになります。そのためには,1行おきに連続したセル参照式が必要になります。

　この参照式を作るには,新しいシートを使います（図1-25）。新しいシートのセルA1に,「'=+Base!A3」,A3に「'=+Base!A4」と入力します。注意するのは,先頭に「'」(アポストロフィー)を付け,文字列として入力することです。セルA2とA4は空白のままにしておきます。

　A1：A4を選択し（図1-25),選択した範囲の右下にカーソルを寄せ,「+」マークが表示されたところで,それをドラッグして下方へ必要なだけコピー&ペーストします。すると,1行おきに連続した,「Base」シートのA列を参照する式ができます（図1-26）。

　しかし,エクセルの表示では数式のように見えても,先頭に「'」が付いているので,数式としては機能していません。数式であれば,その数式が示す参照先のデータが表示されているはずです。

　この文字列を数式として機能させるには,テキストエディタを使います。先ほど作成した数式が表示されているセルをすべてコピーして,エディタを開いてペーストします。エディタ上では「'」は表示されません。このエディタ上の数式を,「すべてを選択」してコピーし,エクセルに戻り,

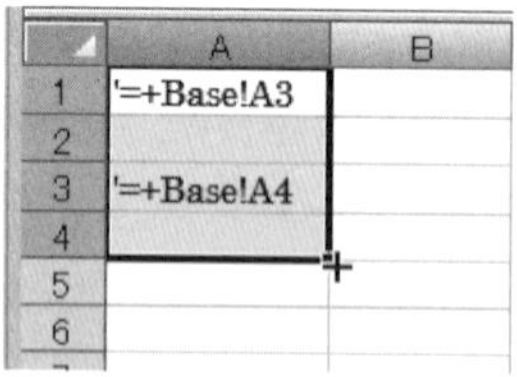

図1-25　数式の作成①

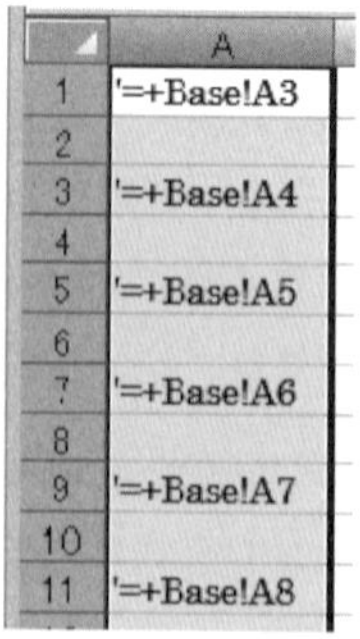

図1-26　数式の作成②

「Face」シートのセル A2 から貼り込みます。すると，数式として機能して原文シートの原文を表示することができます。

同様に，「Base」シートの分解された単語部分（P3〜AA3），語長（AB3〜AM3），語数（AM），平均単語長（AO）を参照する式を，生成します。単語部分と語長部分は，横方向に連続したセルを参照するので，左端セルの参照式を作り，「Face」上に貼り付けた後，語数分右方向へドラッグしてコピー＆ペーストします。

単語部分の参照式も，別シートを使って作ります。セル A1 に「'=+Base!P3」，A3 に「'=+Base!P4」を入力します。A1：A4 を選択し，下方へドラッグして数式を作り，テキストエディタで処理します。次に，「Face」シートの B2 から，処理した数式を貼り込みます。貼り付けた範囲がハイライトしているので，一番右下へカーソルをあて，カーソルが「+」になったところで，右へドラッグし，M 列までコピー＆ペーストします。

語長，語数も同様に N，O 列に貼り込みます。こちらは「=+Base!AN3」，「=+Base!AO3」の数式を使って参照することになります。

② **単語リスト検索部分を作る**（図 1-27）

単語リスト検索の部分に入ります。「Face」シートのセル B3 に，「=IF(ISERROR(VLOOKUP(B2,Wordlist!$A$1:$C$4250,2,FALSE)),"",VLOOKUP(B2,Wordlist!$A$1:$C$4250,2,FALSE))」と入力します。エラー処理を除いた部分は，「VLOOKUP(B2,wordlist!$A$1:$C$4250,2,FALSE)」という式です。

この数式は，すぐ上のセル（B2）に入っている単語を，「Wordlist」シートから VLOOKUP で検索し，その単語のレベルを表示するものです。セル B3 に入力したら，B3 を M3 まで横に 12 語分ドラッグしてコピー＆ペーストします。すると，語のレベルが表示されます。B3：M3 をコピーして，B5，B7…と，一行おきにペーストします。

「Face」シートの全体に式を設定する実際の手順は，B3：M3 を選択し

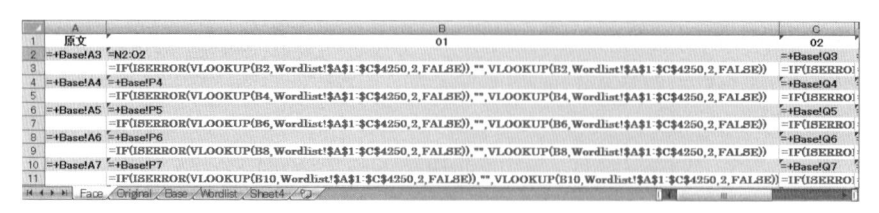

図 1-27　Base の参照と単語リストの検索

てコピーした後，Ctrl キーを押したまま，B5，B7…と順次ペースト先をマウスでクリックして，ハイライトさせます。その後，右クリックで出るメニューから「貼り付け」を選びます。これで，その範囲に数式が設定され，単語の頻度順の情報が検索されます。情報がない語の場合，セルは空白になります。

1.4　学習・常用漢字分析

日本語文を入力すると，文中の漢字を抽出し，各漢字の難易度を表示します。教材作成や可読性の管理に利用できます。

図 1-28　学習・常用漢字分析

1.4.1　シート概要

(1) **シートの目的**：漢字仮名交じり文中の漢字を抽出し，難易度を表示する。
(2) **仕様**：1 行 20 文字の日本文から漢字を抽出し，小学校の学年別漢字配当表，常用漢字表における位置を検索し，表示する。

(3) **使用する技術**

　　書式：セルの文字色，セルの背景色
　　セル参照法：複合参照，他シート上のセルの参照，行をまたいだ連続する
　　　参照式
　　関数など：MID，VLOOKUP，IF，CODE，ISERROR
　　その他：文字コード表の知識と応用

1.4.2　シート解説及び使用法

　ここでは，1.3「英文難易度分析」の技術を，日本語データに応用します。違いは，文字コードを得る CODE 関数を用いて漢字を抽出している点です。「漢字配当検索」，「ORG」，「BASE」の 3 枚のシートから構成されています。「ORG」シートは，原文入力，文字分解，漢字抽出を行います。「BASE」シートは，小学校の学年別漢字配当表です。「漢字配当検索」シートは，抽出した漢字と漢字の学年別配当を数字で表示します。

　文章に含まれている漢字の難易度を把握すると，その難易度を調整することができるので，学習者に適切な教材を提供することができます。

　使用するには，「ORG」シートの原文入力欄に，1 行 20 文字に調整した原文を入力します。すると，「漢字配当検索」シートに，漢字と学年別配当が数値で示されます。また，「最大値」に学年を入力すると，その学年を超える難易度の漢字の場合，背景色を変えて警告します。

1.4.3　シート作成

1.4.3.1　シート作成の方針

(1) 原文入力，結果表示は別々のシートで行う。
(2) 文部科学省の資料を整理し，漢字配当表を作成する。
(3) 原文入力の 1 行の文字数は 20 文字とする。
(4) 結果表示部分には，漢字以外の文字を表示しない。
(5) 漢字配当表示は，小学校学年別配当：1～6，常用漢字：7，それ以外：8
　　を表示する。

(6) 最大値として設定した学年を超える漢字には，警告表示をする．

1.4.3.2　作成手順
(1) 分析するデータを入力し，処理する「ORG」シートを作る
　① 原文入力欄を作る
　② 原文から1文字ずつ切り出すための欄を作る
　③ 切り出した文字が漢字か否かを判定し，漢字のみを表示する欄を作る
(2) 漢字の学年別配当を表示するもとになる「BASE」シートを作る
　① 常用漢字表，学年別漢字配当表をインターネットよりダウンロードする
　② 「BASE」シートに配当表を作る
(3) 漢字の配当シートを検索し，結果を表示する「漢字配当検索」シートを作る
　① 行見出しを作る（数字のドラッグ，コピー＆ペースト）
　② 列見出しを作る（数字のドラッグ，コピー＆ペースト）
　③ 抽出した漢字を転記する参照式を作る
　④ 当該行の配当値の最大値を表示する欄を作る
　⑤ 学年の最大値を入力する欄を作り，条件付き書式を設定する
　⑥ 漢字を検索し配当を表示する数式を作り，表全体に適用する

1.4.3.3　手順解説
新しいブックを開き，ファイル名を「漢字配当表」として，いったん保存します．sheet1を「漢字配当検索」，sheet2を「ORG」，sheet3を「BASE」と命名します．

(1) 分析するデータを入力し，処理する「ORG」シートを作る
　① **原文入力欄を作る**（図1-29）

　　セルA1に，「原文」と見出しを付けます．A列A2より，適当な漢字仮名交じり文を1行20文字に整えて入力しておきます．

　② **原文から1文字ずつ切り出すための欄を作る**

　　セルB1に1，C1に2と入力します．B1：C1を選択し，右方向に20セル分ドラッグして，コピー＆ペーストします．この1～20までの数字

は，「見出し」兼「切り出し位置情報」となります。

セル B2 に，「=MID($A2,B $1,1)」と入力します。この数式は，当該行 A 列のデータ（$A2）を，当該列 1 行目にある「切り出し位置」から 1 文字切り出すというものです。

セル参照の「B $1」は，列が右に移るにしたがい C$1，D $1…と相対変化します。各列の 1 行目には 1 ～ 20 の数字が入っています。また，切り出す対象の文字列は，「$A」となっているので，A 列に固定されています。

したがって，B 列には 1 文字目，C 列には 2 文字目と，A 列に入っている文字列から，1 文字ずつ文字が切り出されていきます。

この数式は，右方にコピー＆ペーストしても A 列の原文の参照は変わりません。また，下方にコピー＆ペーストしても，1 行目の切り出し位置を示す数字の欄を参照します。このため，この数式は，どこにコピー＆ペーストしても，目的の機能を果たします。

数式を入力したら，セル B2 を U2 までドラッグしてコピー＆ペーストします。ペーストした範囲がハイライトしていますので，その範囲の右下にカーソルをあて，カーソルが「＋」になったところで下方へ必要なだけドラッグしてコピー＆ペーストします。それぞれのセルに，1 文字ずつ切り出された文字が表示されます（図 1-29）。

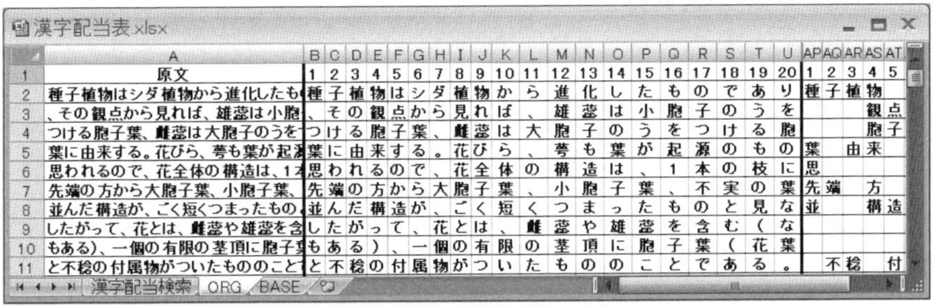
漢字配当表.xlsx

	A	B	C	D	E	F	G	H	I	J	K	L	M	N	O	P	Q	R	S	T	U	AP	AQ	AR	AS	AT
1	原文	1	2	3	4	5	6	7	8	9	10	11	12	13	14	15	16	17	18	19	20	1	2	3	4	5
2	種子植物はシダ植物から進化したも	種	子	植	物	は	シ	ダ	植	物	か	ら	進	化	し	た	も	の	で	あ	り	種	子	植	物	
3	、その観点から見れば、雄蕊は小胞	、	そ	の	観	点	か	ら	見	れ	ば	、	雄	蕊	は	小	胞	子	の	う	を				観	点
4	つける胞子葉、雌蕊は大胞子のうを	つ	け	る	胞	子	葉	、	雌	蕊	は	大	胞	子	の	う	を	つ	け	る	胞				胞	子
5	葉に由来する。花びら、萼も葉が起源	葉	に	由	来	す	る	。	花	び	ら	、	萼	も	葉	が	起	源	の	も	の	葉		由	来	
6	思われるので、花全体の構造は、1本	思	わ	れ	る	の	で	、	花	全	体	の	構	造	は	、	1	本	の	枝	に	思				
7	先端の方から大胞子葉、小胞子葉、	先	端	の	方	か	ら	大	胞	子	葉	、	小	胞	子	葉	、	不	実	の	葉	先	端		方	
8	並んだ構造が、ごく短くつまったもの	並	ん	だ	構	造	が	、	ご	く	短	く	つ	ま	っ	た	も	の	と	見	な	並			構	造
9	したがって、花とは、雌蕊や雄蕊を含	し	た	が	っ	て	、	花	と	は	、	雌	蕊	や	雄	蕊	を	含	む	（	な					
10	もある)、一個の有限の茎頂に胞子葉	も	あ	る	）	、	一	個	の	有	限	の	茎	頂	に	胞	子	葉	（	花	葉					
11	と不稔の付属物がついたもののこと	と	不	稔	の	付	属	物	が	つ	い	た	も	の	の	こ	と	で	あ	る	。		不	稔		付

漢字配当検索　ORG　BASE

図 1-29　文字の切り出し

③ 切り出した文字が漢字か否かを判定し，漢字のみを表示する欄を作る

セル AP2 に，「=IF(ISERROR(CODE(B2)),"",IF(CODE(B2) >12320,B2,""))」と入力します。

この数式は，B2 に切り出した文字のコードを調べます。コード番号が 12320 以上である場合はその文字を表示し，それ以外の場合は空白を表示します。数式前半の IF 関数と ISERROR 関数は，エラー処理です。

CODE 関数は，セルに入力されている文字列の先頭文字を，ASCII または JIS コード番号に変換します。参照したセルが空白の場合は，エラー値「#VALUE」を返します。

CODE 関数を使って文字種が判定できるのは，文字コード表の漢字部分が「亜」（コード番号 12321）から始まっているからで，CODE 関数の値が 12320 より上のものを漢字と判断できます。

なお，この数式は同じ行の左方 20 セルの所にある，切り出した漢字のセルを参照するだけです。

セル AP2 に数式を入力した後に，コピーして AP2：BI2 の範囲にペーストします。次に，この範囲を必要なだけ下方にコピー&ペーストします。数式が入力されると，セルに漢字が抽出されます（図 1-30）。

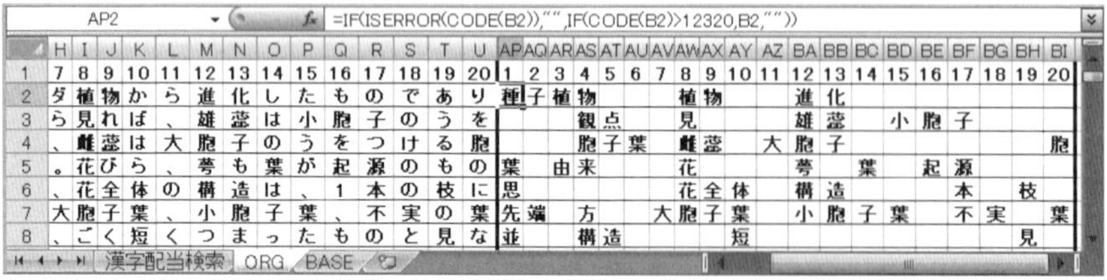

	H	I	J	K	L	M	N	O	P	Q	R	S	T	U
1	7	8	9	10	11	12	13	14	15	16	17	18	19	20
2	ダ	植	物	か	ら	進	化	し	た	も	の	で	あ	り
3	ら	見	れ	ば	、	雄	蕊	は	小	胞	子	の	う	を
4	、	雌	蕊	は	大	胞	子	の	う	を	つ	け	る	胞
5	。	花	び	ら	、	萼	も	葉	が	起	源	の	も	の
6	、	花	全	体	の	構	造	は	、	1	本	の	枝	に
7	大	胞	子	葉	、	小	胞	子	葉	、	不	実	の	葉
8	、	ご	く	短	く	つ	ま	っ	た	も	の	と	見	な

	AP	AQ	AR	AS	AT	AU	AV	AW	AX	AY	AZ	BA	BB	BC	BD	BE	BF	BG	BH	BI
1	1	2	3	4	5	6	7	8	9	10	11	12	13	14	15	16	17	18	19	20
2	種	子	植	物				植	物			進	化							
3				観	点			見				雄	蕊		小	胞	子			
4				胞	子	葉		雌	蕊		大	胞	子							胞
5	葉		由	来				花				萼		葉		起	源			
6	思							花	全	体		構	造				本		枝	
7	先	端		方			大	胞	子	葉		小	胞	子	葉		不	実		葉
8	並			構	造					短									見	

図 1-30　漢字のみが表示される

⑵ 漢字の学年別配当を表示するもとになる「BASE」シートを作る

① 常用漢字表，学年別漢字配当表をインターネットよりダウンロードする

常用漢字表の URL

http://www.bunka.go.jp/kokugo_nihongo/joho/kijun/naikaku/pdf/joyokanjihyo_20101130.pdf

学年別漢字配当表の URL

http://www.mext.go.jp/a_menu/shotou/new-cs/youryou/syo/koku/001.htm

ここでは，上記2種を取りまとめたウィキペディアの「常用漢字一覧」を利用します。

② 「BASE」シートに配当表を作る

新しいシートに，ウィキペディアの「常用漢字一覧」の表をコピーします。ブラウザ上で表全体をコピーしてからエクセルに戻ります。セルA1を選択して，マウスの右クリックから，「形式を選択して貼り付け」→「テキスト」を選んで貼り付けます。図 1-31 のように選択してコピーし，エクセルのワークシートにペーストします（図 1-32）。

本表 [編集]

♦	新字体 ♦	旧字体 ♦	画数 ♦	学年 ♦	追加年 ♦	読み ♦
1	亜	亞	7	S		ア
2	哀		9	S		アイ, あわ-れ, あわ-れむ
3	挨		10	S	2010	アイ
4	愛		13	4		アイ
5	曖		17	S	2010	アイ
6	悪	惡	11	3		アク, オ, わる-い
7	握		12	S		アク, にぎ-る
8	圧	壓	5	5		アツ
9	扱		6	S		あつか-う

図 1-31　ブラウザ上で表をコピー

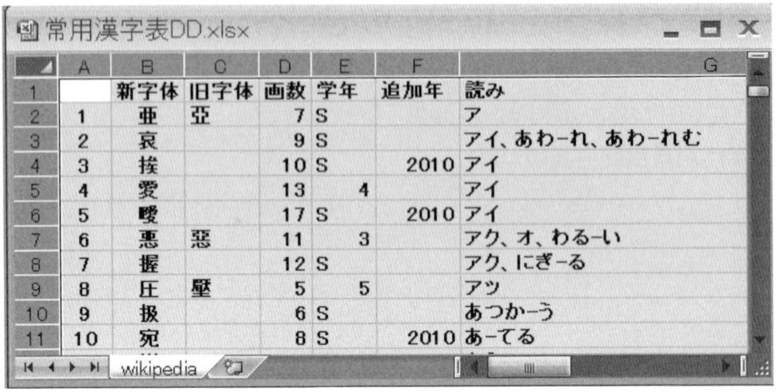

	A	B	C	D	E	F	G
1		新字体	旧字体	画数	学年	追加年	読み
2	1	亜	亞	7	S		ア
3	2	哀		9	S		アイ、あわ-れ、あわ-れむ
4	3	挨		10	S	2010	アイ
5	4	愛		13	4		アイ
6	5	曖		17	S	2010	アイ
7	6	悪	惡	11	3		アク、オ、わる-い
8	7	握		12	S		アク、にぎ-る
9	8	圧	壓	5	5		アツ
10	9	扱		6	S		あつか-う
11	10	宛		8	S	2010	あ-てる

図 1-32　エクセルに貼り付ける

続いて，検索用のキーを作成するための列を作りす。A 列を選択し，マウスの右クリックから「挿入」を行い，新しい列を作ります。新しくできた列のセル A2 に「+C2」と入力すると，セル C2 の漢字が表示されます（図 1-33）。A2 を選択しセルの右下にカーソルをあて，カーソルが「＋」になったところで，ダブルクリックします。すると，A 列に C 列の漢字が表示されます。これで，A 列に検索用のキーが用意できました。

次に，漢字の配当を示す部分である「学年」の列のデータを整理します。「学年」の見出しのある列で，6 年以上に配当される漢字は「S」と表示されています。これを「7」に変更します。

F 列を選択し，「ホーム」タブの「編集」グループにある双眼鏡のアイコン右横の逆三角マークをクリックし，「置換」を選びます。ダイアログボックスで，「検索する文字列」に「S」を，「置換後の文字列」に「7」（半角数字）を入力して，「すべて置換」をクリックします。これで，小学校の学年別配当以外の常用漢字は，7 とレベルが付きます（図 1-34）。

表の整理が終わったら，シート全体を選択してコピーします。コピーしたものを，「BASE」シートに貼り付けます。

図 1-33　検索用のセルを作成

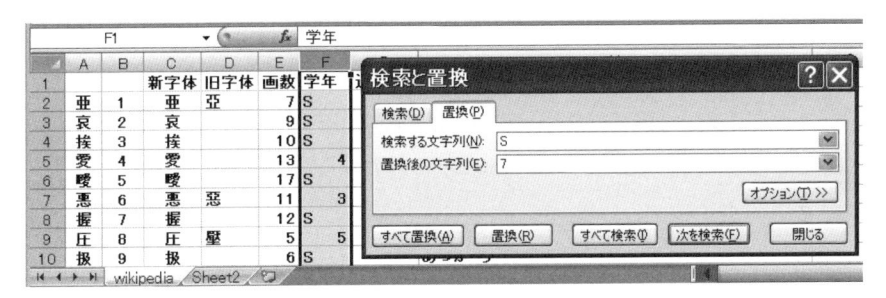

図 1-34　レベル表示に置換

(3) 漢字の配当シートを検索し，結果を表示する「漢字配当検索」シートを作る

① 行見出しを作る（図 1-35）

　分析結果は，図 1-28 のように，2 行にわたって表示されます。1 行目には漢字データが，2 行目には学年別配当データが表示されます。

　まず，2 行を 1 組とする行見出しを作ります。「漢字配当検索」シートのセル A2 に，「1」を入力し，A2：A3 を選択して，マウスの右クリックから「セルの書式設定」を選びます。ダイアログボックスで「配置」タブを選択し，「横位置」，「縦位置」ともに「中央揃え」にします。「文字の制御」では，「セルを結合する」にチェックを入れます。さらに，「罫線」タブを選び，太めの罫線で「外枠」を囲います。データの境界をわかりやすくするために，罫線を設定しています。

次に，A2：A3を選択した状態でセルの右下にカーソルをあて，カーソルが「+」になったところで下方へドラッグしてコピー&ペーストして，必要なだけ行見出しを付けます。

② **列見出しを作る**

セルB1に「1」，C1に「2」を入力し，B1：C1を選択して，右方へU1までドラッグしてコピー&ペーストします。すると，20までの見出しができます。これは，切り出した文字が20桁並ぶためです。

③ **抽出した漢字を転記する参照式を作る**

セルB2に「=+ORG!AP2」と入力します。B2をコピーしC2：U2に貼り付けます。すると，「ORG」シートから漢字が転記され，表示されます。さらに，表全体にペーストするためにB2：U3（2行にまたがっていることに注意）を選択・コピーし，B4から必要なだけ下方に貼り付けます（図1-35）。

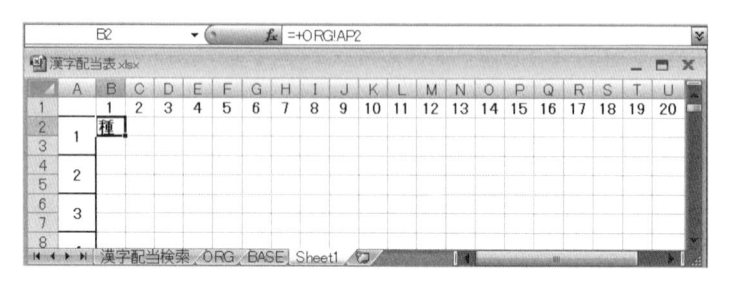

図1-35　漢字を表示するセルを作る

④ **当該行の配当値の最大値を表示する欄を作る**（図1-36）

セルV1に，見出しとして，「最大値」と入力します。V2には何も入力しません。V3に「=+MAX(B3:U3)」と入力し，同一行の最大値を表示させます。V2：V3を選択，コピーし，下方へ必要なだけ貼り込みます。

⑤ **学年の最大値を入力する欄を作り，条件付き書式を設定する**（図1-36）

最大値を入力するためのセルW1に，背景色を設定します。目立つように黄色にします。セルW1を選択し，右クリックしメニューから「セ

ルの書式設定」→「塗りつぶし」で，黄色を選びます。

　このセルを参照して，セルの背景色を変え警告を表示する条件付き書式を，あらかじめセル W3 に設定しておきます。数式は次の⑥で作成します。

　セル W3 を選択し，「ホーム」タブから「条件付き書式」→「新しいルール」→「指定の値を含むセルだけを書式設定」を選びます。「セルの値」が「次の値より大きい」を選び，その値に，先ほど目標値を入れるセルとした「=$W$1」を設定します。「書式」をクリックし，「塗りつぶし」の色を適当なものにします。ここでは薄い赤を設定しました。

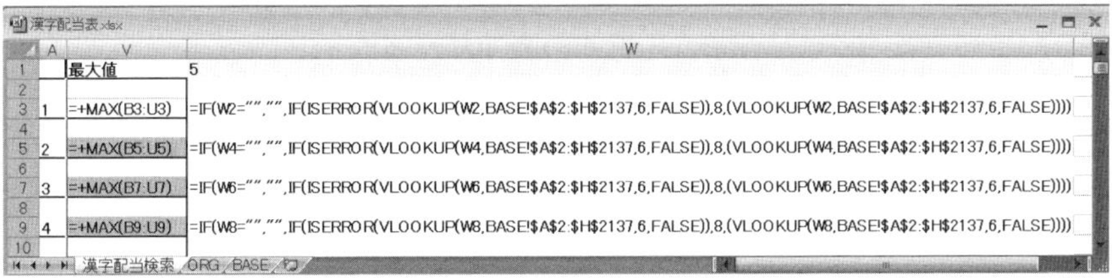

図 1-36　数式を 1 行置きに貼り付ける

⑥　漢字を検索し配当を表示する数式を作り，表全体に適用する

　B3：U3，B5：U5 と 1 行おきの範囲に，すぐ上のセルの漢字を検索し，配当を表示する式を入力することになります。入り組んだ形で数式を配置することになるので，入力に工夫が必要です。直接，数式を入力するのではなく，別の場所で数式を作り，それをまとめてコピー&ペーストします。

　図 1-36 を見てください。数式表示になっているので，わかりやすいと思います。W 列には式が 1 行おきに表示されています。しかし，この列はこのシートの表の機能を担っていません。ここを使って，貼り付けるもとになる式を作っているのです。

　まず，W3 に，「=IF(W2="","",IF(ISERROR(VLOOKUP(W2,BASE!$A$2:$H$2137,6,FALSE)),8,(VLOOKUP(W2,BASE!$A$2:$H$2137,6,FALSE))))」と入力します。この数式は，1 つ上のセルである W2 の内容を，VLOOKUP 関数で「BASE」シートの表から検索します。見つかった

ら「BASE」シートの検索範囲6列目にある，学年配当の数値を表示します。見つからない場合は「8」を表示します。

　当該セルが空白の場合は，何も表示しないように，IF関数を使って処理しています。1つ上のセルを処理するというだけの数式ですので，どこにコピー＆ペーストしても機能します。

　セルW3に数式を入力した後，W2：W3を選択し，下方に必要なだけドラッグしコピー＆ペーストします。2行を選択してドラッグするのは，数式と空白が交互に配置されるようにするためです。図1-36を見ると，配置の様子がわかります。

　コピー＆ペーストが終わるとその範囲がハイライトしているので，右クリックから全体をコピーします。次に，貼り付け先のB2：U2を選択し，右クリックメニューから，「形式を選択して貼り付け」を選択し，「空白セルを無視する」にチェックを入れ，「OK」とします。すると，漢字を表示している部分に影響を与えずに，すぐ下のセルに数式が入力され，学年別漢字配当が表示されます。条件付き書式もすでに設定してありますので，セルW1に入力した数値にしたがって，配当表示の背景色も変わります（図1-37）。

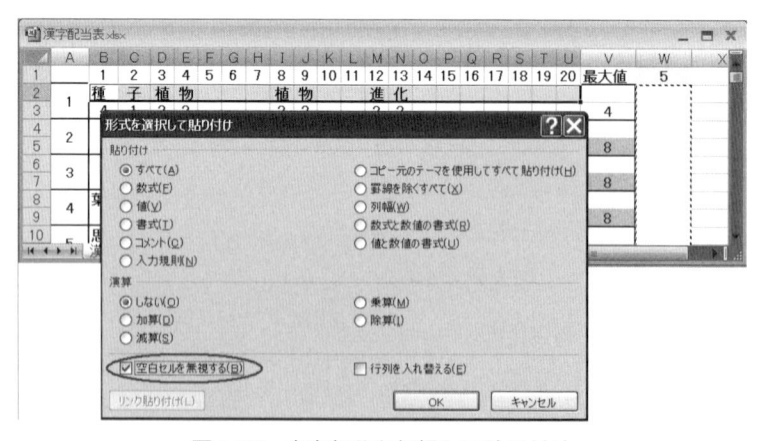

図1-37　空白部分を無視して貼り付け

1.5 エクセルを使った採点

テストを採点したり，アンケートを集計するシートです。1.9「ワークシートの自動合成」で扱うシートと組み合わせて，1つの採点システムとなります。

	A	B	AT	AU	AV	AW	AX	AY	AZ	BA	BB
1	ID	氏名	質問44	質問45	質問46	質問47	質問48	質問49	質問50		
2	K10001	Name 01	b	b	a	a	b	a	c		
3	K10002	Name 02	c	b	d	d	e	a	c		
4	K10003	Name 03	d	b	b	a	b	a	e		
5	K10004	Name 04	e	b	b	e	a	b	b		
6	K10005	Name 05	d	d	b	d	e	a	c		
52	正解		b	c	e	e	a	e	b		
60	採点										
61	ID	氏名	質問44	質問45	質問46	質問47	質問48	質問49	質問50	合計	正答率
62	K10001	Name 01	1							8	16%
63	K10002	Name 02								7	14%
64	K10003	Name 03								11	22%
65	K10004	Name 04				1	1		1	18	36%
66	K10005	Name 05								6	12%

図1-38 エクセル採点表

1.5.1 シート概要

(1) **シートの目的**：シート上の解答をまとめて採点し，正誤および統計情報を表示する。

(2) **仕様**：50題×50人以内のテスト，あるいはアンケートなどの解答・回答を採点・集計し，合計，平均，解答／回答分布，グラフを表示する。処理データの取りまとめは，1.9で扱う＜複数のシートを自動的に1枚にまとめるシート＞を用いて行う。

(3) **使用する技術**

　　セル参照法：他のシート上のセルの参照，複合参照（行抑制）
　　関数など：TRANSPOSE, IF, SUM, COUNTIF
　　シート操作：シートの命名
　　キー操作：F4 参照形式の変換

1.5.2 シート解説及び使用法

図 1-39 のような解答用紙を取りまとめた，受験者のデータが列方向に並んでいるデータ（図 1-40）を処理します。TRANSPOSE 関数を用いて，データを行方向に変換します（図 1-41）。採点と計数処理を行い，統計情報を算出します。採点，評価に用いるほか，アンケート調査の集計に用いることができます。採点に使った場合も，アンケート用の集計部分は，誤答の分布を知るために利用できます。

表の行列変換をする場合には，受験（回答）者数と問題数が不定だと，手作業で行うことになります。毎回,「コピー」→「形式を選択して貼り付け」→「行列を入れ替える」という手順が必要になります。このシートでは，受験（回答）者数と問題数を両方とも 50 と固定したことで，その範囲内では，自動処理ができるようにしています。対応する業務の処理量に応じて，シートを改造するとよいでしょう。採点集計，data，TransTemp の 3 枚のシートから構成されています。

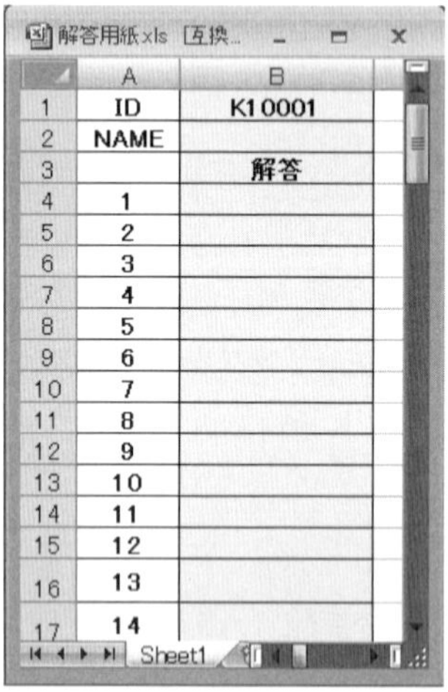

	A	B
1	ID	K10001
2	NAME	
3		解答
4	1	
5	2	
6	3	
7	4	
8	5	
9	6	
10	7	
11	8	
12	9	
13	10	
14	11	
15	12	
16	13	
17	14	

図 1-39　解答用紙

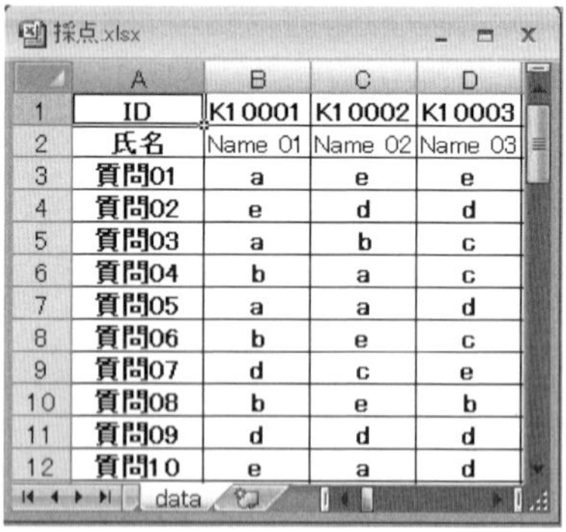

	A	B	C	D
1	ID	K10001	K10002	K10003
2	氏名	Name 01	Name 02	Name 03
3	質問01	a	e	e
4	質問02	e	d	d
5	質問03	a	b	c
6	質問04	b	a	c
7	質問05	a	a	d
8	質問06	b	e	c
9	質問07	d	c	e
10	質問08	b	e	b
11	質問09	d	d	d
12	質問10	e	a	d

図 1-40　まとめられた解答

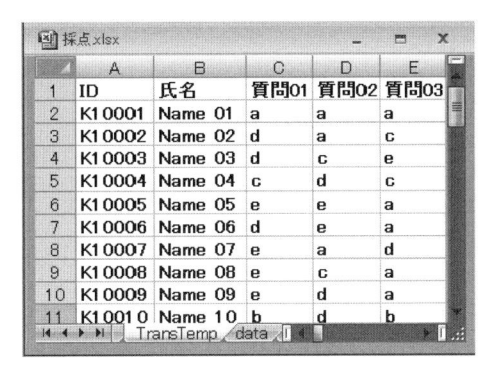

図 1-41　行列変換後

　使用するには，「Data」シートに解答／回答データを貼り込みます。すると，「採点集計」シートに「TransTemp」を介してデータが転記されます。正解を入力すると，採点表に結果が示されます。アンケートの場合には，集計用の項目を示す記号などを入力すると，集計表に結果が表示されます。「TransTemp」シートは，TRANSPOSE 関数で行列変換をする際に，煩雑さを回避するための"経由地"です。

1.5.3　シート作成
1.5.3.1　シート作成の方針
(1)　データ項目は，受験者ID，氏名，解答とする。データ数，受験者数は，ともに 50 とする。
(2)　「data」シート上の列方向に並んだ解答データを，TRANSPOSE 関数を用いて，「TransTemp」上に行列変換する。
(3)　「TransTemp」シートのデータを参照し，「採点集計」シートで採点・評価・集計を行う。
(4)　解答・アンケート集計用記号は，アルファベットを用いる。
(5)　統計情報は以下とする。
　①　採点部分：正答数，正答率
　②　集計部分：解答／回答分布数，分布のパーセント表示，円グラフ表示

1.5.3.2　作成手順

(1) 「data」シートを作る

① ID，氏名，質問 01 ～ 50 の行見出しを付ける

② ID，氏名のダミーデータを作る

③ ダミーデータを入力する

(2) 「TransTemp」シートの設定

(3) 「採点集計」シートを作る

① 解答転記部分を作る

(a) 「TransTemp」よりデータを参照する

(b) 正解欄を作り，正解データを入力する

② 採点部分を作る

(a) 列見出し，行見出しを参照する（セル参照 +1）

(b) 採点部分に計算式を入力する（IF）

③ 集計部分を作る

(a) 列見出しを参照する

(b) 集計項目記号を入力する

(c) 集計セルに計算式を入力する（COUNTIF，複合参照）

(d) 集計パーセンテージ表示セルに，計算式を入力する（/，複合参照）

(e) グラフを作成する

1.5.3.3　手順解説

新しいブックを開き，「採点」と命名し，いったん保存します。Sheet1 を「採点集計」，Sheet2 を「data」，Sheet3 を「TransTemp」と命名します。

(1) 「data」シートを作る

① **ID，氏名，質問 01 ～ 50 の行見出しを付ける**（図 1-42）

　　A1 に「ID」，A2 に「氏名」，A3 に「質問 01」と，入力します。A3 のセルの右下にカーソルをあて，カーソルが「＋」になったら，左クリックして下方にドラッグし，質問 50 までの見出しを作ります。

② **ID，氏名のダミーデータを作る**（図 1-42）

　シート作成時には，ダミーデータを入力しておきます。K10001 から始まる ID を 45 個作成します。質問の見出しを作った方法と同様に，セル B1 に K10001 と入力し，右方へドラッグして，K10045 までの ID を作成しておきます。同様に氏名データも作ります。50 個まで作成しない理由は，データのない部分の処理を確認するためです。

③ **B3：AY52 に，ダミーデータを入力する**（図 1-42）

　ここでは，a〜e までのアルファベットを割り振っています。AU1：AY52 の範囲には受験者を設定してないので，空白のままになります。52 行× 51 列の範囲（（見出し＋質問数）×（見出し＋受験者数）），すなわち A1：AY52 に，罫線を設定しておきます。これは，TRANSPOSE 関数を設定する目安にするためです。

	A	B	C	D	E	F	G	H	I	J	K
1	ID	K10001	K10002	K10003	K10004	K10005	K10006	K10007	K10008	K10009	K10010
2	氏名	Name 01	Name 02	Name 03	Name 04	Name 05	Name 06	Name 07	Name 08	Name 09	Name 10
3	質問01	d	a	d	a	a	c	c	b	c	b
4	質問02	b	e	c	c	a	c	b	d	b
5	質問03	b	d	d	a	c	c	c	b	e	e
6	質問04	d	a	d	e	e	c	d	b	d	d
7	質問05	b	c	c	e	b	d	a	a	c	e
8	質問06	e	e	b	b	a	c	e	b	b	c
9	質問07	d	b	b	d	a	e	c	d	a	c
10	質問08	b	e	b	c	b	b	b	c	b	c
11	質問09	a	a	e	c	e	b	c	b	e	a

図 1-42　data にダミーデータを設定

(2)　「TransTemp」シートの設定

　このシートには，「data」シートより行列変換されたデータが表示されます。そこで，まず行列変換される範囲の 51 行× 52 列，すなわち A1：AZ51 に罫線を設定しておきます。これは，TRANSPOSE 関数の範囲設定を容易にするためです。

　TRANSPOSE 関数の設定の手順は次の通りです。

① 転記先のセルをまず選択する。
② 「数式」タブにある「関数ライブラリ」グループの「検索／行列」→ 関数「TRANSEPOSE」を選ぶ。
③ 関数の引数を入力する画面が出る。
④ 転記元のデータを選択する。
⑤ Ctrl + Shift を押したまま，「OK」をクリックする。

まず，「TransTemp」シートの A1：AZ51 を選択します。「数式」タブから「検索／行列」グループにある「TRANSEPOSE」関数を選びます。すると，関数の引数を入力する画面が出るので，転記元の範囲にあたる「配列」に，「data」の A1：AY52 の範囲を指定します。**Ctrl + Shift を押したまま，**「OK」をクリックすると，「TransTemp」シートに「data」上のデータが行列変換され，表示されます（図 1-43）。

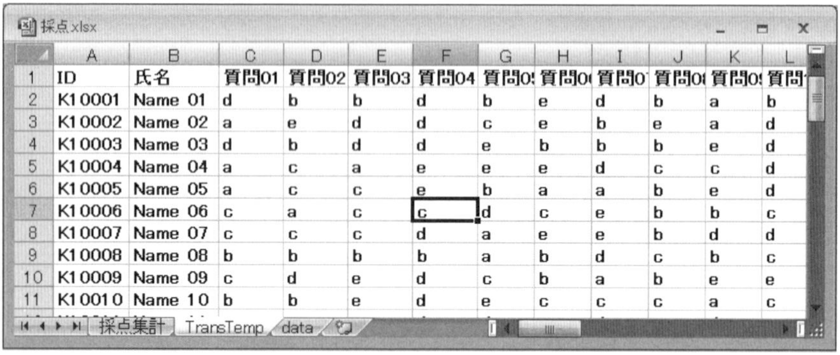
採点.xlsx

	A	B	C	D	E	F	G	H	I	J	K	L
1	ID	氏名	質問01	質問02	質問03	質問04	質問0	質問0	質問0	質問0	質問0	質問
2	K10001	Name 01	d	b	b	d	b	e	d	b	a	b
3	K10002	Name 02	a	e	d	d	c	e	b	e	a	d
4	K10003	Name 03	d	b	d	d	e	b	b	b	e	d
5	K10004	Name 04	a	c	a	e	e	e	d	c	c	d
6	K10005	Name 05	a	c	c	e	b	a	a	b	e	d
7	K10006	Name 06	c	a	c	c	d	c	e	b	b	c
8	K10007	Name 07	c	c	c	d	a	e	e	b	d	d
9	K10008	Name 08	b	b	b	b	a	b	d	c	b	c
10	K10009	Name 09	c	d	e	d	c	b	a	b	e	e
11	K10010	Name 10	b	b	e	d	e	c	c	c	a	c

図 1-43　TransTemp に行列変換された

(3) 「採点集計」シートを作る

① 解答転記部分を作る

図 1-44 はシートの概要を示しています。一部を非表示にして，全体を表示していますので，列記号と行番号に注意して読図してください。

(a) **「TransTemp」よりデータを参照する**（図1-44の01～51行目）

「TransTemp」のデータを参照します。

まず，「採点集計」シートのセルA1に，「=IF(TransTemp!A1=0,"",TransTemp!A1)」と入力します。セルA1の右下にカーソルをあて，カーソルが「＋」になったら，左クリックして右方にAZ行までドラッグします。質問50までの見出しが表示されます。いったん，マウスのボタンを離します。A1：AZ1が選択されたままハイライトされていますので，カーソルを再びその範囲の右下にあてます。今度は，下方にAZ51までドラッグします。すると，「TransTemp」上のデータが，A1：AZ51の範囲に表示されます。A47：AZ51の範囲には，もともとデータがないので，表示されません。

ここで入力される式は，エラー処理のIF関数を除くと，「TransTemp」上の対応するセルを参照しているだけです。

Transpose関数の参照元は「data」シートです。「data」シートにデータがないと，TRANSPOSE関数の入っているセルには，「0」が表示されます。この「0」が「採点集計」シートに反映されないように，IF関数を使って，参照元が「0」の場合は空白を表示させています。

(b) **正解欄を作り，正解データを入力する**（図1-44の52行目）

「採点集計」シートのセルA52に，「正解」と行見出しを付けます。C52～AZ52に，質問01～50に対応する正解を入力します。ここでは，d，e，b，eと正解のデータが入っています。

② **採点部分を作る**（図1-44の59行目より）

(a) **列見出し，行見出しを参照する**

「採点集計」シートのセルA59に，「採点」と見出しを付けておきます。ここからの表が何をする部分か，わかりやすくするためです。

	A	B	C	D	E	F	BA	BB
1	ID	氏名	質問01	質問02	質問03	質問04	45	問題数
2	K10001	Name 01	d	a	e	c		
3	K10002	Name 02	d	d	b	b		
4	K10003	Name 03	e	b	e	c		
51								
52	正解		d	e	b	e		
59	採点							
60	ID	氏名	質問01	質問02	質問03	質問04	合計	正答率
61	K10001	Name 01	1				9	18%
62	K10002	Name 02	1		1		8	16%
63	K10003	Name 03					7	14%
111	正答数		12	8	13	7		
112								
120	集計	45	質問01	質問02	質問03	質問04		
121	a		9	10	7	12		
122	b		5	12	13	13		
123	c		13	8	6	11		
124	d		12	7	10	2		
125	e		6	8	9	7		
126	無答		0	0	0	0		
127	合計		45	45	45	45		
128								
130	分布		質問01	質問02	質問03	質問04		
131	a		20%	22%	16%	27%		
132	b		11%	27%	29%	29%		
133	c		29%	18%	13%	24%		
134	d		27%	16%	22%	4%		
135	e		13%	18%	20%	16%		
136	無答		0%	0%	0%	0%		
137	合計		100%	100%	100%	100%		

図1-44 採点，集計，統計部分

セルA60に，「+A1」と入力します。このセルをドラッグしてAZ60までコピー&ペーストします。これで，シートの1行目にある列見出しを参照できます。次に，A60：B60を選択し，B110までドラッグし

コピー&ペーストします。この部分は，IDと氏名部分を参照しています。61行目から採点部分を作成しているのは，行数を確認しやすくするためです。

(b) **採点部分に計算式を入力する**（図1-44の61行目より）

採点：セルC61に「=IF(C2=C$52,1,"")」と入力し，これをAZ61まで横に，さらにAZ110まで縦に，ドラッグしコピー&ペーストして採点部分を作成します。

採点のための数式は，解答部分のC2と正解の入っているセルC$52の値を比較し，正解ならば1を，異なれば空白を表示します。式が入力されると，正解に対応する各セルに1が表示されます。問題ごとの配点に重みを付ける場合は，ここで数値を調整します。

全問題数：セルBA1には，全問題数を計数するために，「=50-COUNTIF(C1:AZ1,"")」の式を入力します。50から，質問の欄が空白である数を減じています。この値をもとに正答率が算出されます。セルBB1に，「問題数」と見出しを付けておきます。

個人の合計・正答率：セルBA60に「合計」と見出しを付け，BA61に「=SUM(C61:AZ61)」と式を入力します。セルBB60に「正答率」と見出しを付け，BB61に「=+BA61/$BA$1」と式を入力します。BA61:BB61の範囲を選択し，BB110までドラッグしコピー&ペーストします。これで，個人の正答数と正答率が表示されます。正答率の数式を変えれば，100点満点の得点を表示することもできます。

設問ごとの正答数：セルA111に「正答数」と行見出しを付け，C111に「=SUM(C61:C110)」と式を入力し，これをAZ111まで横方向にドラッグしコピー&ペーストします。これで，各設問の正答数が表示されます。SUM関数で集計しています。

③ **集計部分を作る**（図1-44の120行目より）

選択肢ごとの解答・回答数を集計する部分を作ります。

(a) **列見出しを参照する**

　セル A120 に「集計」と見出しを付けます。これは，何をする部分かわかりやすくするためです。セル C120 に「+C1」と入力します。このセルをドラッグして AZ120 までコピー＆ペーストし，シート第 1 行にある見出しを参照します。次に，セル B120 に解答・回答者数を数えるために，「=50-COUNTBLANK(B2:B51)」の数式を入力します。氏名欄の空白を数えて，50 から引くことで，解答・回答者数を算出しています。

(b) **集計項目記号を入力する**（図 1-44 の 121 行より）

　A121：A125 には，集計用の記号が入ります。ここでは，アルファベットを使っているので，順に「a」から「e」までを入力します。セル A126 に「無答」，A127 に「合計」を，見出しとして入力しておきます。

(c) **集計セルに計算式を入力する**（図 1-44 の 121 行より）

　基本集計：セル C121 に，「=COUNTIF(C$2:C$51,$A121)」と入力し，C121：AZ125 の範囲にドラッグしコピー＆ペーストします。各列の 2 行目から 51 行目のデータが，A 列の記号と同じであれば計数する式が各セルに入力されます。

　　計数の範囲の指定では，行が抑制され（C$2:C$51），縦にドラッグしコピー＆ペーストしても，データの範囲が移動しないようになっています。集計用の記号が入るセルも，「$A…」と A 列に固定されているので，横方向にコピー＆ペーストしても，参照列が移動しません。

　無答数・解答合計：セル C126 には，無答数を計算する数式「=COUNTIF(C$2:C$51,"")-(50-$B$120)」を入力し，AZ126 まで横にコピー＆ペーストします。この数式は，計数範囲の空白を計数し，その値から集計対象にならない数を引いています。データがない数は，50 から解答・回答者数（$B$120）を引いた数になります。

　　セル C127 に，解答合計数を求める数式「=SUM(C121:C126)」を入力し，AZ127 まで右方向にコピー＆ペーストします。

(d) **集計パーセンテージ表示セルに，計算式を入力する**（図 1-44 の 130 行より）

セル A130 に「分布」と見出しを付け，(a)，(b)と同様に列見出し，行見出しを参照します。

セル C131 に，各解答／回答の，全体に対する比率を表示する計算式「=+C121/C$127」を入力します。この数式は，各選択肢の集計数を 127 行の全解答／回答数で割っています。そのまま，セル C131 を選択し，マウスの右クリックメニューから「セルの書式設定」→「パーセンテージ」を選び設定します。C131 を C131：AZ137 の範囲にドラッグしコピー＆ペーストします。すると，集計数に対する，解答／回答のパーセンテージが表示されます。

(e) **グラフを作成する**（図 1-44 の 138 行以下）

数字だけではわかりにくいと感じる場合には，グラフを作成するとよいでしょう。まず，質問 01 に対するグラフを作ります。

C131：C136 を選択し，「挿入」タブから「円グラフ」を選択します。グラフが作成されるので，タイトルや凡例など余分なものを削除し，サイズを調整して，各質問の分布の下に位置を合わせて配置します。あとの微調整は，セル幅を変えることで行います。

1 つのグラフを作ったら，これをコピー＆ペーストすることで，隣の列のグラフを作ることができます。グラフをコピーして，隣の列にペーストします。円グラフをダブルクリックすると，セルの範囲が示されます。この範囲を示す枠を，隣の列の該当部分へマウスでドラッグすれば完了です。

1.6　多肢選択問題

問題と答えが対になったリストから，7 対 7 の組み合わせ問題を作ります。選択肢の割り当てや正答の記号も生成します。

	A	B	C	D	E	F	G
1	番号	小問	問題リスト	解答リスト	問題	選択肢	正解記号
2	1	1	real	実在する,,本当の	1. real	a.取って代る,換える	b
3		2	result	結果,結末,成果	2. result	b.実在する,,本当の	g
4		3	nature	自然,天然,性質,気質	3. nature	c.自然,天然,性質,気質	c
5		4	lizard	トカゲ	4. lizard	d.虫,寄生虫	e
6		5	worm	虫,寄生虫	5. worm	e.トカゲ	d
7		6	replace	取って代る,換える	6. replace	f.人間の,人,人間	a
8		7	human	人間の,人,人間	7. human	g.結果,結末,成果	f
9	2	1	絶望	ぜつぼう	1. 絶望	a.かいほう	e
10		2	結構	けっこう	2. 結構	b.ちまなこ	d
11		3	解放	かいほう	3. 解放	c.しゃくほう	a
12		4	指名	しめい	4. 指名	d.けっこう	g
13		5	釈放	しゃくほう	5. 釈放	e.ぜつぼう	c
14		6	対照	たいしょう	6. 対照	f.たいしょう	f
15		7	血眼	ちまなこ	7. 血眼	g.しめい	b

図 1-45　多肢選択問題作成シート

1.6.1　シート概要

(1) **シートの目的**：多肢選択問題を作成する。
(2) **仕様**：問題と解答が対になっているリストをもとに，多対多の形式で問題と正答を結び付ける形の問題を作成する。ここでは 7 対 7 の組み合わせで作成する。
(3) **使用する技術**
　　書式：背景色の設定
　　セル参照法：縦横を変換する参照式の作成，複雑な参照式の作成と運用
　　関数など：FIND, MID, LEFT, CONCATENATE, RAND, RANK
　　シート操作：ウインドウの分割
　　テキストエディタの使用：置換

1.6.2　シート解説及び使用法

　このシートは，大量の単語リスト等から多肢選択問題を自動で作ります。RAND 関数を使って処理しています。問題を作るために，正解を並べ替えたり，正解記号を確認する必要はありません。選択肢は，乱数を用いて記号を付け，

記号の順番（アルファベットであれば abc 順）で整列して表示します。

英単語と意味のリストや，漢字と読みのリストなどから，簡単に多肢選択問題が作成できます。多肢選択問題でも，1 つの問題に対して 4 〜 5 個の選択肢を用意し解答させる形式なら，エクセルを使う必要はありません。

乱数を使用するので手順が多くなっています。乱数から選択肢記号を生成する手順，「Face」シートからデータを「Back」シートに反映させる方法，処理した後，結果を「Face」シートに返す方法などに注意してください。

使用するときは，問題と解答が対になったリストを入力します。問題，選択肢，正解記号が図 1-45 の E，F，G 列のように生成されます。問題と解答が対になっているリストならば，長大なリストであっても，7 つごとに区切って作題されます。結果を，必要に応じてワードなどに転記し，印刷して利用します。また，1.2「穴埋め問題（ドリル付き）」で使った方法で，コンピュータ上で練習する問題に改造することもできます。図 1-45 では，英語，国語の問題例を示しています。

1.6.3　シート作成
1.6.3.1　シート作成の方針
(1)　問題・解答リストを入力するシートと完成問題・解答を出力するシートは，同一とする。作成処理部分は，別シートとする。
(2)　問題は，7 対 7 の結び付け形式とする。
(3)　問題番号は数字，選択肢記号はアルファベットとする。
(4)　乱数を用いて，自動的に選択肢の記号を作成する。
(5)　縦横を変換する参照式を用いて，シート間でデータの受け渡しをする。

1.6.3.2　作成手順
(1)　**データ入出力用のシート「Face」を作る**
　① 項目見出しを作る
　② 問題番号，小問番号を入力する（参照式＋ 1，間隔をあけたドラッグ）
　③ 問題リスト，解答リストにダミーデータを入力する

④ 問題欄で小問番号と問題を結合する（&）

(2) 問題作成処理用のシート「Back」を作る
① 見出し（データ名，処理名の記載欄，問題 01 〜）を作る（文字列＋数字のドラッグ）
② 解答リストを転記する行を作る（他シートのセルへの参照，複雑な参照式）
③ 選択肢を作る
　(a) 乱数の生成行を作る（RAND）
　(b) 乱数を整数化する（RANK）
　(c) 乱数を記号へ変換する（MID）
　(d) 記号をもとに選択肢を生成する（&）
　(e) 選択肢をすべて結合する（CONCATENATE）
　(f) 選択肢を順に切り出し整列させる（FIND，MID）

(3) 「Back」シートから選択肢と正解記号を参照する（複雑な参照式の作成）

1.6.3.3　手順解説

新しいブックを開き，「多肢選択」と命名し，いったん保存します。Sheet1 を「Face」，Sheet2 を「Back」と命名します。

(1) データ入出力用のシート（Face）を作る
① 項目見出しを作る（図 1-45）

「Face」シートの 1 行目に，番号，小問，問題リスト，解答リスト，問題，選択肢，正解記号の欄見出しを作ります。

② 問題番号，小問番号を入力する（図 1-46）

番号欄の列のセル A2 に「1」，A9 に「=+A2+1」を入力します。小問の欄 B2：B8 に 1 〜 7 の小問番号を入れます。セル B9 に「=+B2」と入力し，セル B9 を選択しドラッグして B15 までコピー＆ペーストします。次に，A9：B15 の範囲を選択し下方へ必要なだけドラッグしてコピー＆ペーストし，問題番号を作ります。

A9：B15 の範囲は，参照式で構成されているので，参照が変化して問

題番号が作られます。

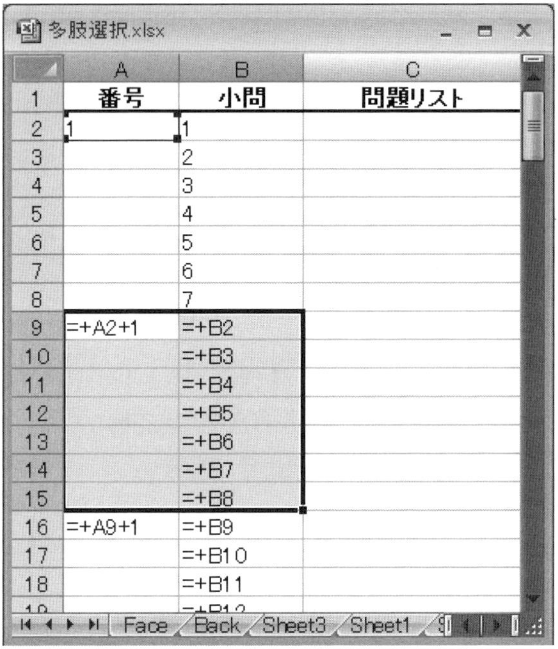

図 1-46　問題記号を作る

③ **問題リスト，解答リストにダミーデータを入力する**（図 1-45）

「Face」シートの C，D 列は，問題と解答が対になって入力されます。ここが問題のもとになる部分です。適当なデータを入力しておきます。

④ **問題欄で小問番号と問題を結合する**（図 1-47）

問題を表示する E 列の E2 に，「=+B2&". "&+C2」と入力します。これは，番号とピリオド，スペース，問題リストの内容を結合して表示する式です。E2 を下方に必要なだけコピー＆ペーストします。

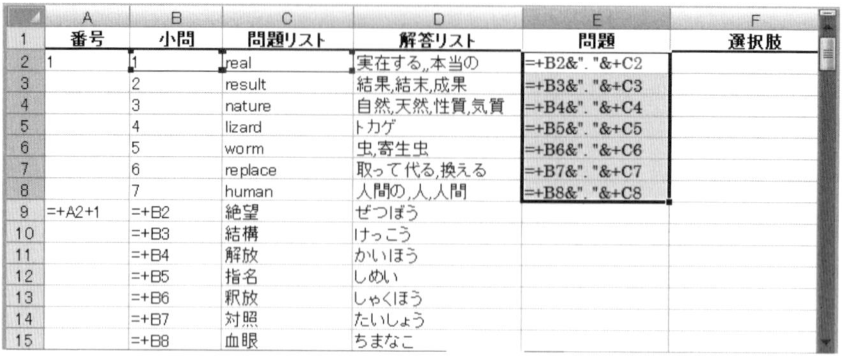

	A	B	C	D	E	F
1	番号	小問	問題リスト	解答リスト	問題	選択肢
2	1	1	real	実在する,,本当の	=+B2&". "&+C2	
3		2	result	結果,結末,成果	=+B3&". "&+C3	
4		3	nature	自然,天然,性質,気質	=+B4&". "&+C4	
5		4	lizard	トカゲ	=+B5&". "&+C5	
6		5	worm	虫,寄生虫	=+B6&". "&+C6	
7		6	replace	取って代る,換える	=+B7&". "&+C7	
8		7	human	人間の,人,人間	=+B8&". "&+C8	
9	=+A2+1	=+B2	絶望	ぜつぼう		
10		=+B3	結構	けっこう		
11		=+B4	解放	かいほう		
12		=+B5	指名	しめい		
13		=+B6	釈放	しゃくほう		
14		=+B7	対照	たいしょう		
15		=+B8	血眼	ちまなこ		

図 1-47　問題部分の作成

⑵　**問題作成処理用のシート「Back」を作る**（図 1-48，図 1-49）

「Back」シートでは，解答リストから選択肢と正解を作成します。

①　**見出し**（データ名，処理名の記載欄，問題 01 ～）**を作る**（文字列＋数字のドラッグ）。

「Back」シートの 1 行目のセル B1 に，「問題 01」と入力し，右へドラッグしコピー&ペーストして，問題数分の見出しを作れるだけ作っておきます。A 列は行見出しとして，各行で行われる処理やデータを示します。図 1-48 のように，見出しを付けます。見出しはなくても，シートの機能は変わりません。しかし，改造する場合などに，シートの構造がわかりやすくなるので付けておきます。

②　**解答リストを転記する行を作る**（図 1-48，図 1-49）

まず，「Face」シートから必要なデータを参照します。各列の 2 ～ 8 行が解答リストへの参照です。問題 01 の場合，先頭セル B2 に入る参照式は「=+Face!D2」となります。問題 02 の先頭セル C2 の式は「=+Face!D9」です。先頭セルの参照が 7 行ずつずれていきます。このような数式を，各先頭行のセル（B2，C2，D2，E2…）に入力し，あとは下方へ 6 行分ドラッグしコピー&ペーストをすると，「Face」シートの解答リストへの参照式ができあがります。

第1章　実用シートの作成

	A	B
1	データ・処理	問題01
2	解答リスト1	実在する,,本当の
3	解答リスト2	結果,結末,成果
4	解答リスト3	自然,天然,性質,気質
5	解答リスト4	トカゲ
6	解答リスト5	虫,寄生虫
7	解答リスト6	取って代る,換える
8	解答リスト7	人間の,人,人間
9	乱数生成1	0.202286255
10	乱数生成2	0.102463261
11	乱数生成3	0.111615266
12	乱数生成4	0.658563553
13	乱数生成5	0.465412266
14	乱数生成6	0.926443634
15	乱数生成7	0.544894179
16	乱数整数化1	5
17	乱数整数化2	7
18	乱数整数化3	6
19	乱数整数化4	2
20	乱数整数化5	4
21	乱数整数化6	1
22	乱数整数化7	3
23	記号変換01	e
24	記号変換02	g
25	記号変換03	f
26	記号変換04	b
27	記号変換05	d
28	記号変換06	a
29	記号変換07	c
30	選択肢生成01	e.実在する,,本当の
31	選択肢生成02	g.結果,結末,成果
32	選択肢生成03	f.自然,天然,性質,気質
33	選択肢生成04	b.トカゲ
34	選択肢生成05	d.虫,寄生虫
35	選択肢生成06	a.取って代る,換える
36	選択肢生成07	c.人間の,人,人間
37	選択肢結合	e.実在する,,本当の g.
38	選択肢整列01	a.取って代る,換える
39	選択肢整列02	b.トカゲ
40	選択肢整列03	c.人間の,人,人間
41	選択肢整列04	d.虫,寄生虫
42	選択肢整列05	e.実在する,,本当の
43	選択肢整列06	f.自然,天然,性質,気質
44	選択肢整列07	g.結果,結末,成果

図1-48　Backシート

	B
1	問題01
2	=+Face!D2
3	=+Face!D3
4	=+Face!D4
5	=+Face!D5
6	=+Face!D6
7	=+Face!D7
8	=+Face!D8
9	=RAND()
10	=RAND()
11	=RAND()
12	=RAND()
13	=RAND()
14	=RAND()
15	=RAND()
16	=RANK(B9,B$9:B$15)
17	=RANK(B10,B$9:B$15)
18	=RANK(B11,B$9:B$15)
19	=RANK(B12,B$9:B$15)
20	=RANK(B13,B$9:B$15)
21	=RANK(B14,B$9:B$15)
22	=RANK(B15,B$9:B$15)
23	=MID("abcdefg",B16,1)
24	=MID("abcdefg",B17,1)
25	=MID("abcdefg",B18,1)
26	=MID("abcdefg",B19,1)
27	=MID("abcdefg",B20,1)
28	=MID("abcdefg",B21,1)
29	=MID("abcdefg",B22,1)
30	=+B23&"."&B2
31	=+B24&"."&B3
32	=+B25&"."&B4
33	=+B26&"."&B5
34	=+B27&"."&B6
35	=+B28&"."&B7
36	=+B29&"."&B8
37	=CONCATENATE(B30," ",B31," ",B32," ",B33," ",B34," ",B35
38	=MID(B$37,FIND("a",B$37),FIND(" ",B$37,FIND("a",B$37))
39	=MID(B$37,FIND("b",B$37),FIND(" ",B$37,FIND("b",B$37))-
40	=MID(B$37,FIND("c",B$37),FIND(" ",B$37,FIND("c",B$37))-
41	=MID(B$37,FIND("d",B$37),FIND(" ",B$37,FIND("d",B$37))-
42	=MID(B$37,FIND("e",B$37),FIND(" ",B$37,FIND("e",B$37))-
43	=MID(B$37,FIND("f",B$37),FIND(" ",B$37,FIND("f",B$37))-
44	=MID(B$37,FIND("g",B$37),FIND(" ",B$37,FIND("g",B$37))-

図1-49　Backシートの数式表示

　先頭セル（B2，C2，D2，E2…）に数式を入力する際に手入力では大変なので，エクセルの機能を利用して，まとめて数式を作ります。手順は，次のようになります。

(a)　新しいシートを用意する。

(b) セル A1 に「'=+FaceD2」，A2 に「'=+FaceD9」と入力する（図 1-50）。セルには「'」は表示されず，文字列として式が表示される。
(c) セル A1：A2 を選択し，下方へ必要なだけドラッグし，コピー＆ペーストする（図 1-51）。
(d) できた数式を表す文字列をコピーし，テキストエディタに貼り付ける。
(e) テキストエディタで改行をタブに置換する。

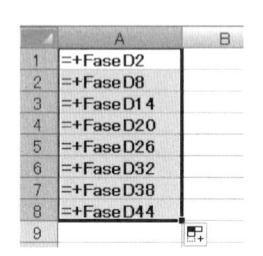

図 1-50　数式の作成　　　図 1-51　等間隔の数式ができる

テキストエディタでの整形処理は，「秀丸エディタ」を例にとると，次のようになります。
(a) テキストエディタの起動
(b) 数式をペースト
(c) 改行（¥n）をタブ（¥t）に置換
　ダイアログボックスに，「置換の対象」と「置換値」を入力して置換します（図 1-52）。
(d) タブを挟み，横一列に整形された式（図 1-53）をコピーする
　エクセルに戻り，これを，「Back」シートのセル B2 から貼り込みます。貼り込んで選択されたままの状態で，選択範囲の右下にカーソルをあて，カーソルが「＋」になったところで，8 行目までドラッグしてコピー＆ペーストします。これで，2 ～ 8 行目の参照式ができます。
　すると，「Face」シートにある解答リストのデータが表示されます（図 1-48 の 2 ～ 8 行）。

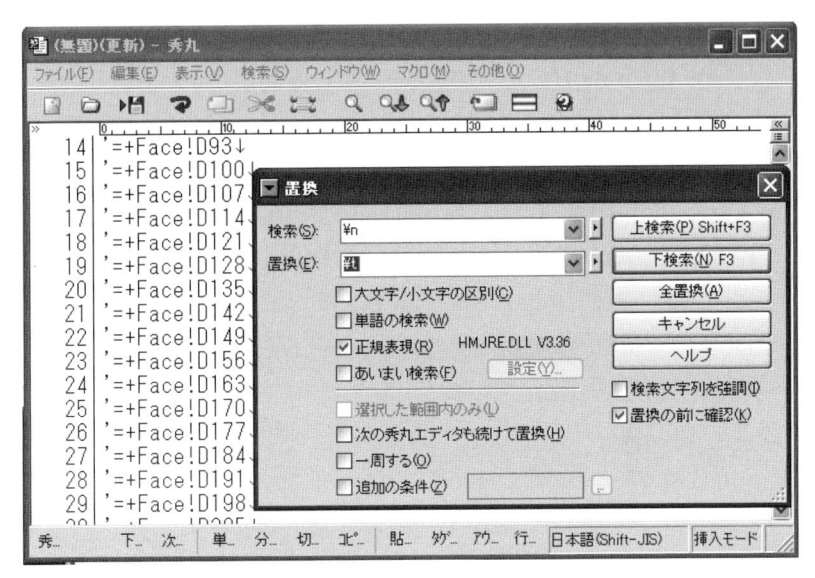

図 1-52　テキストエディタで処理

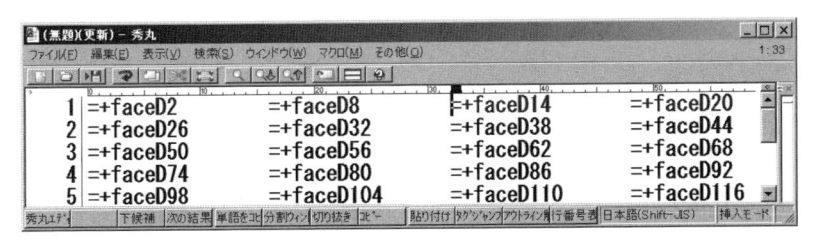

図 1-53　タブを挟んで横一列になった数式

③ 選択肢を作る

解答リストは正解の順で並んでいます。この解答の各々に与えるための乱数を生成します。次に，乱数をもとに選択肢記号を作成し，解答リストと結び付け，選択肢を作ります。以下の(a)〜(d)の手順では，セルが縦に7つずつ組になっています。数式は，それぞれ同種になります。各組の先頭のセルに数式を入力し，下へドラッグしコピー&ペーストして各々7つの数式を設定します。

(a) 乱数の生成行を作る

　　セル B9 ～ B15 で 7 つの乱数を発生させます。「=RND()」と，すべて同じ数式が入ります。

(b) 乱数を整数化する

　　セル B16 ～ B22 には，B9 ～ B15 に対応する数式が入ります。セル B16 には「=RANK(B9,B$9:B$15)」の数式が入ります。入力したらコピーして，B16：B22 にペーストします。この数式は，7 つの乱数から，7 つの異なった整数を得ています。乱数を INT 関数などで整数化すると，同じ整数ができてしまう可能性があります。そこで，RANK 関数で 7 つの乱数の順位を取って整数化しています。7 つの乱数中の，どれかが同値である可能性は極めて少ないからです。数式の中で，比較する範囲のセルの行番号には，「$」を付加しています。下方にコピー＆ペーストしても，9 ～ 15 行の乱数の範囲から，参照が移動しないようにするためです。列記号には「$」を付けていません。1 列ができたところで，右方向に数式をコピー＆ペーストするので，参照列は変化しなければならないからです。

(c) 乱数を記号へ変換する（セル B23 ～ B29）

　　数字の問題番号に対して，数字の選択肢記号で解答すると紛らわしくなります。ここでは，選択肢用に生成した数値をアルファベットに置き換えて使います。セル B23 に，数式「=MID("abcdefg",B16,1)」と入力し，下方に 6 つコピー＆ペーストします。ここでは，MID 関数を用いて，1 ～ 7 の数字を a ～ g に変換しています。アルファベットを，「イロハ…」や「アイウ…」などに変えることもできます。

(d) 記号をもとに選択肢を生成する（セル B30 ～ B36）

　　セル B30 では，選択肢記号（B23 ～）と解答リストの内容（B2 ～）を，「=+B23&"."&B2」の式で結合します。セル B36 までコピー＆ペーストします。

(e) 選択肢をすべて結合する（セル B37）

選択肢をこのまま正解順に提示することはできません。B30～B36にできた選択肢をソートして，アルファベット順にしなくてはなりません。自動で行うマクロを作成するのは手間がかかるので，文字列を検索するFIND関数と文字列を切り出すMID関数を組み合わせて対応します。

まず，37行でCONCATENATE関数を用いて，「" "」(スペース)を挟みながら選択肢をすべて結合します。最後尾にも「" "」(スペース)を結合します。セルB37には，「=CONCATENATE(B30," ",B31," ",B32," ",B33," ",B34," ",B35," ",B36," ")」という式が入ります。

(f) 選択肢を順に切り出し整列させる（セルB38～B44）

セルB38で選択肢aを含む部分を切り出します。数式「=MID(B$37,FIND("a",B$37),FIND(" ",B$37,FIND("a",B$37))-FIND("a",B$37))」は，aが見つかった所からa以降にあるスペースまでの長さを切り出すものです。以下，b～gまでの選択肢を取り出して表示します。

数式はB38を入力した後，下へ6つドラッグしコピー＆ペーストし，それぞれの式のアルファベットaをb～gに差し替えます。

これで，「Back」シートの処理は済みました。次に，「Face」シートにこの処理結果を戻して，表示するための参照式を作ります。

(3) **「Back」シートから選択肢と正解記号を参照する**（図1-54，図1-55）。

「Face」シートから，「Back」シートにある選択肢と解答を参照するには，F，G行（図1-54）のような式が必要です。図1-54は，図1-45のF，G列を数式表示したものです。

問題01の7つの小問題は，「Back」シートB列の38～44行（選択肢）と23～29行（正解記号）を，問題02はC列の該当行を，そして，以降D,E列…と参照していきます。

列参照は，数字ではなくアルファベットの組み合わせで表示するので，作成がやっかいです。この参照式を作成するために，図1-55のシートを作成します。

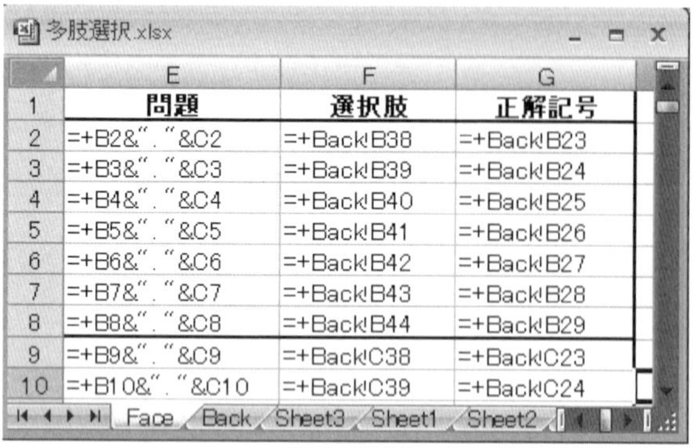

	E	F	G
1	問題	選択肢	正解記号
2	=+B2&“. “&C2	=+Back!B38	=+Back!B23
3	=+B3&“. “&C3	=+Back!B39	=+Back!B24
4	=+B4&“. “&C4	=+Back!B40	=+Back!B25
5	=+B5&“. “&C5	=+Back!B41	=+Back!B26
6	=+B6&“. “&C6	=+Back!B42	=+Back!B27
7	=+B7&“. “&C7	=+Back!B43	=+Back!B28
8	=+B8&“. “&C8	=+Back!B44	=+Back!B29
9	=+B9&“. “&C9	=+Back!C38	=+Back!C23
10	=+B10&“. “&C10	=+Back!C39	=+Back!C24

図 1-54　Back シートを参照する

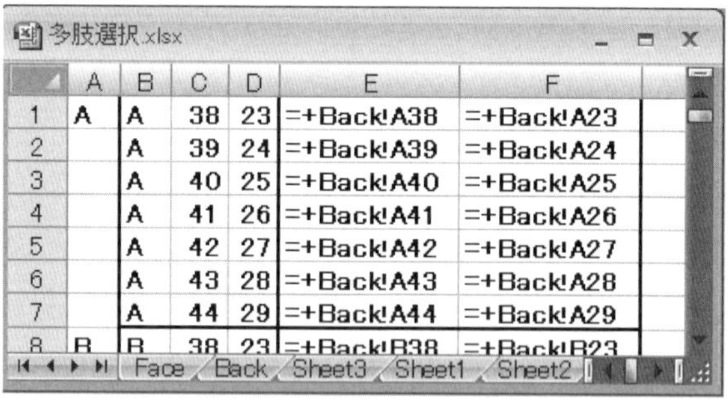

	A	B	C	D	E	F
1	A	A	38	23	=+Back!A38	=+Back!A23
2		A	39	24	=+Back!A39	=+Back!A24
3		A	40	25	=+Back!A40	=+Back!A25
4		A	41	26	=+Back!A41	=+Back!A26
5		A	42	27	=+Back!A42	=+Back!A27
6		A	43	28	=+Back!A43	=+Back!A28
7		A	44	29	=+Back!A44	=+Back!A29
8	B	B	38	23	=+Back!B38	=+Back!B23

図 1-55　参照式を作成するためのシート

図 1-55 のシートの目的は，E，F 列の参照式を作ることです。エクセルのコピー&ペーストで，一気に作成することができるように工夫しています。A 列と最初のブロックを作成したら，B1：F7 の範囲をコピーし，下方に必要なだけ貼り付ければ参照式ができます。

B1：F7 を下方へコピー&ペーストして数式を作成できるように，次の手順を踏みます。

A 列には列記号を作成するためのアルファベット（A ～ Z，AA，AB，AC ～）を必要なだけ入力します。

このアルファベット記号部分を作成するために，さらにもう 1 枚新し

いシートを使います。図1-56のようにセル参照を1つ作り，右方向にドラッグして，A1～Z1，AA1，AB1，AC1～ への参照式を作ります。数式表示にして参照式をコピーします。コピーしたものをテキストエディタに貼り付けます。一括置換を用いて，「=+」と数字部分の「1」を消去し，さらに，タブ（¥t）を改行（¥n）7つに置換します（図1-57）。

すると，アルファベット記号が6行置きにできます。できたものを，図1-55の参照式作成用のシートのA列に貼り込みます。これで，参照式を作るための"列記号のもと"ができました。エクセルの列参照は「A～Z，AA～AZ，BA～BZ…」と記述されるので，このような手順を使って文字の組み合わせを作っています。

図1-56　列記号を作る準備

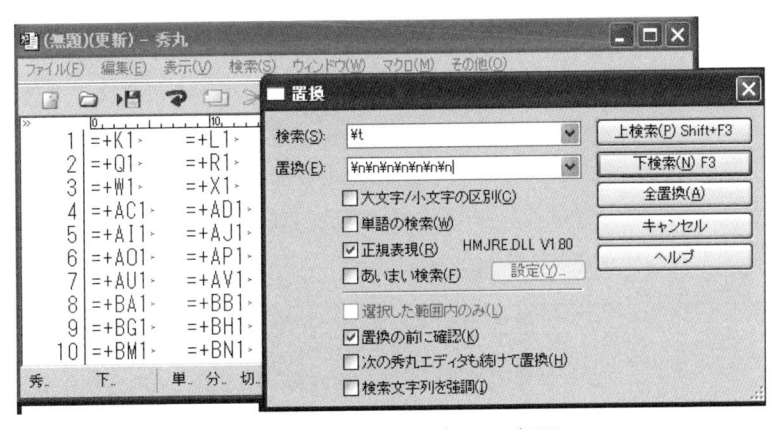

図1-57　テキストエディタで処理

図 1-55 の参照式作成用のシートでは，まず，2 列 7 行の 1 ブロックを作り，それを下方へコピー＆ペーストすることで，いくらでも参照式のセットを生成できるよう工夫します。ブロックの A 列にある列記号を B1 に取り込み，順次 B 列のブロック内から参照します。

　具体的には，図 1-55 のシートで，セル B1 に「+A1」を，B2 に「+B1」を入力します。B2 を B7 までドラッグしてコピー＆ペーストします。これで，B 列に参照式で使う列記号ができました。このような参照の仕方で，ブロックのコピー＆ペーストをしたときに，A 列の列記号をうまく参照できるようにしています。

　次に，図 1-55 のシートのセル C1，C2 に「38」，「39」を，セル D1，D2 に「23」，「24」を入力します。C1：D2 を選択して D7 までドラッグしコピー＆ペーストします。これで，参照式の「行」を示す部分ができます。

　セル E1，F1 に，それぞれ「="+Back!"&B1&C1」，「="+Back!"&B1&D1」と数式を入力します。この数式では，「"+Back!"」というシートを参照する部分と「B1」という列記号，そして「C1」，「D1」という行番号を結び付け，選択肢と正解記号の値への参照式を作っています。

　次に，E1：F1 を選択して，F7 までドラッグしてコピー＆ペーストします。これで，最初のブロックが完成しました。

　B1：F7 の範囲をコピーし，下方へ必要なだけ貼り付けます。**ドラッグしてコピー＆ペーストしてはいけません**。参照式が崩れます。

　この E，F 行にできた参照式をコピーし，「Face」シートの F1 から「形式を選択して貼り付け」→「値」を選択して貼り込みます。すると，選択肢と解答が表示されます。

　次の 1.7 からは，マクロ（VBA）を含んだシートを扱います。マクロやプログラミングが初めての方は，まず，第 3 章「マクロ・VBA の利用法」を読んでから，先へ進んでください。

1.7　問題作成用データベース

データベースを作り，問題や問題を作るためのデータを管理します。ここでは，漢字をデータとして扱います。

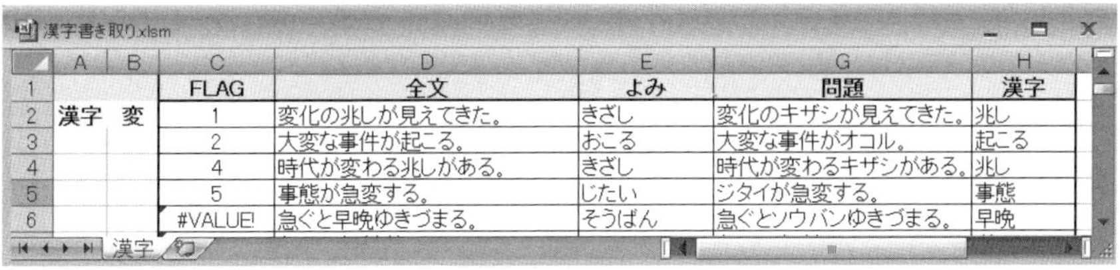

漢字書き取り.xlsm

	A	B	C	D	E	G	H
1			FLAG	全文	よみ	問題	漢字
2	漢字	変	1	変化の兆しが見えてきた。	きざし	変化のキザシが見えてきた。	兆し
3			2	大変な事件が起こる。	おこる	大変な事件がオコル。	起こる
4			4	時代が変わる兆しがある。	きざし	時代が変わるキザシがある。	兆し
5			5	事態が急変する。	じたい	ジタイが急変する。	事態
6			#VALUE!	急ぐと早晩ゆきづまる。	そうばん	急ぐとソウバンゆきづまる。	早晩

漢字

図 1-58　漢字書き取り問題の作成・管理データベース

1.7.1　シート概要

(1)　**シートの目的**：漢字書き取り問題を作成・管理するデータベースを作る。このデータベースから，該当の漢字を含む問題を抽出し，問題作成を支援する。

(2)　**仕様**：検索する漢字を入力すると，問題の「全文」内に，その漢字を含むものを抽出する。

(3)　**使用する技術**

書式：背景色，書体の設定

セルの参照法：絶対参照

関数など：SEARCH

シート操作：ソート

マクロ：マクロ記録，Worksheet_Change，Sort，Range

1.7.2　シート解説及び使用法

必要なデータをシートに入力し，セル B2 に検索する漢字を入力すると，「全文」のセルにあるデータから，その漢字を含むものを抽出します。蓄積できるデータ量は，エクセルシートの許す限りなので，大規模な業務でない限り，十分対応できます。使用する関数は，SEARCH 関数のみです。マクロも 5 行ほ

どのものです。

　このシートが処理できるデータは，日本語，英数字を問わないので，さまざまなデータを検索するデータベースとして利用できます。

　このシートでは，SEARCH 関数を用いてデータ行に標識を付け，標識の付いた列をキーとしてソートすることで，見つかったデータを表の上部に集めています。

　手動でソートを行う場合は，ソートする範囲を選択した後，「データ」タブにある「並べ替えとフィルター」グループの「並べ替え」をクリックし，「並べ替え」ダイアログで「最優先されるキー」と「順序」を設定し，「OK」をクリックします。エクセルの操作には欠かせない手順なので，習熟しておく必要があります。しかし，大きなデータでこの手順を繰り返すのは煩雑です。

　また，ソートの機能は，数式や参照のみでは実現できません。そこで，ソートの部分だけをマクロ化しています。

　このマクロには，プログラムでよく使われる「繰り返し」や「条件判断」の部分がありません。実際には，「シートの変化があれば」という条件判断が含まれているのですが，その部分は，エクセルの機能（イベントドリブン）を利用しているので，細かいコードを書く必要がありません。

　このシートでデータを検索するには，必要なデータをシートに入力した後，セル B2 に，検索する漢字を入力します。入力した瞬間，表の上部に，その漢字を含む行が表示されます。

1.7.3　シート作成

1.7.3.1　シート作成の方針

⑴　データ項目は，全文，よみ，問題，漢字，SEARCH 関数の結果を納める FLAG とする。
⑵　データ内の検索は SEARCH 関数を使う。
⑶　SEARCH 関数の結果をキーとしてソートを行う。
⑷　ソート部分はマクロ化する。

(5) マクロの起動はシート上のデータが変更されたときとする。
1.7.3.2 作成手順
(1) **シートを作る**
  ① データ見出しを作る
  ② 検索漢字を入力するセルを設定する
  ③ データを入力する
  ④ 検索を行う関数を設定する（SEARCH）
(2) **ソートの手順を記録する**
  ① マクロ記録を起動してソートの手順を行う
  ② できたプログラムコードを確認・整理する
(3) **シートにマクロを設定する**
  ① シートのコードに，Worksheet_Change のサブプロシージャを加える
  ② (2)-②でできたコードを，シートの Worksheet_Change のサブプロシージャに組み込む
  ③ 実行し，機能を確かめる

1.7.3.3 手順解説

新しいブックを開き，「漢字書き取り」と名前を付け，保存します。Sheet1 を「漢字」と命名します。Sheet2，Sheet3 は削除します。

(1) **シートを作る**
  ① **データ見出しを作る**
    セル C1 に「FLAG」，D1 に「全文」，E1 に「よみ」，G1 に「問題」，H1 に「漢字」と入力し，データの見出しとします。
  ② **検索漢字を入力するセルを設定する**
    セル A2 に「漢字」と見出しを付けます。B1 が検索する漢字を入力するセルになります。A2：B2 の背景色を黄色に変えておきます。検索用の漢字を入れるセルと明示するためです。
  ③ **データを入力する**
    必要なデータを整理して，入力しておきます。とりあえずは，「全文」

のデータが入っていれば，機能を確かめることができます。

④ 検索を行う関数を設定する

　セル C2 に，「=SEARCH($B$2,D2)」と検索用の数式を入力します。数式の入力が終わったら，セル C2 を選択し，セル枠の右下にカーソルをあて，「+」になったところでダブルクリックし，データのあるところまで数式を入力しておきます。

　この数式は，「全文」が入っているセル D2 のデータから，セル B2 に入っているデータを探します。セル B2 に入っているデータが見つかれば，見つかった場所を数値で返します。見つからなかった場合には，「#VALUE!」とエラーコードを返します。このシートでは，エラー表示が体裁を壊すなどの問題はないので，エラーを隠す処理はしていません。

(2) ソートの手順を記録する

① マクロ記録を起動してソートの手順を行う

　「開発」タブから「マクロ記録」を選び，ソートの手順を記録します。ソートの手順は，次のようになります。

(a) ソート範囲を選択する
(b) 「データ」タブで「並べ替え」を選択する
(c) ソートキーを指定する
(d) ソート順を決める
(e) ソートする

　この例では，C1：H1388 の範囲にデータがあります。図 1-59 の設定画面で「最優先されるキー」を FLAG に，「並べ替えのキー」を値に，「順序」を昇順として「OK」をクリックします。これで，ソートの手順を記録できたことになります。

　「開発」タブに戻り「記録終了」をクリックして，マクロの記録を終了します。

② できたプログラムコードを確認・整理する

　「開発」タブの「Visual Basic」を開き，できたコードを確認します。

図1-59　並べ替えのオプション

　VBエディタのプロジェクトエクスプローラで「標準モジュール」内にある「Module1」をクリックすると，図1-60のリストのように記録されているのがわかります。

　コード内の「Range」は範囲，「select」は選択，「selection」は選択範囲，「sort」はソートを示しています。ソートにはいくつかのオプションが付帯しています。

　どの操作がどのVBAのコードになっているか，はじめのうちはわかりにくいのですが，VBAの"ヘルプ"を参照したり，インターネットなどで調べて慣れていきましょう。タイプミスなど，間違った操作が記録されている場合は，削除します。

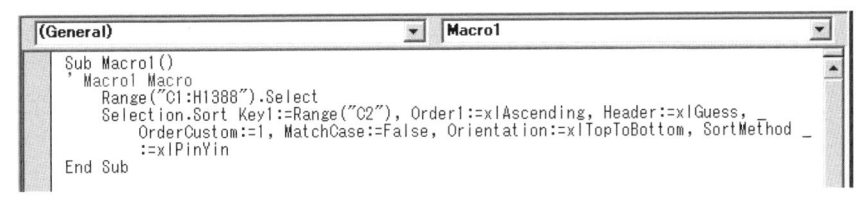

```
Sub Macro1()
' Macro1 Macro
    Range("C1:H1388").Select
    Selection.Sort Key1:=Range("C2"), Order1:=xlAscending, Header:=xlGuess, _
        OrderCustom:=1, MatchCase:=False, Orientation:=xlTopToBottom, SortMethod _
        :=xlPinYin
End Sub
```

図1-60　記録された手順

⑶ シートにマクロを設定する
　① シートのコードに Worksheet_Change のサブプロシージャを加える

　　VB エディタのプロジェクトウインドウで「Sheet1（漢字）」をクリックし（図1-61），コードウインドウに Sheet1 のコードを表示させます。実際には，クリックしてもコードウインドウに何も表示されません。まだコードを入力していないからです。

図1-61　プロジェクトウインドウで Sheet1（漢字）をクリック

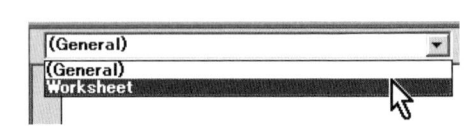

図1-62　オブジェクトボックスで Worksheet を選択

　　オブジェクトボックスの右端にある逆三角マークをクリックし，プルダウンメニューから「Worksheet」を選択します（図1-62）。すると，コードウインドウに「Private Sub Worksheet_SelectionChange」というコードが現れます（図1-63）。これはそのままにしておいて，プロシージャボックスのプルダウンメニューから「Change」を選択します。すると，「Private Sub Worksheet_Change」のサブプロシージャがコードウインドウに現れます。先ほどの「Private Sub Worksheet_SelectionChange」のサブプロシージャを消去し，「Private Sub Worksheet_Change」のサブプロシージャのみを残します。

　　このサブプロシージャの中に書かれているコードは，ワークシートに変化（新しい値が入力されたなど）があった場合，起動されます。

第 1 章　実用シートの作成　　83

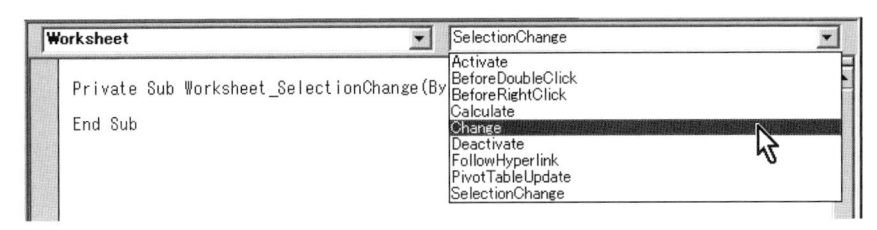

図 1-63　プロシージャボックスで Worksheet_Change のサブプロシージャを選択

② **できたコードをシートの Worksheet_Change のサブプロシージャに組み込む**（図 1-64）

　プロジェクトエクスプローラで「標準モジュール」の「Module1」をクリックして，コードウインドウに，先ほど記録しておいた「ソート」のコードを表示させます。

　Sub～End sub の間にあるコードをコピーした後，「Sheet1（漢字）」のコードに戻り，Worksheet_Change のサブプロシージャの中に貼り込みます。

　ここで，簡単にコードの説明をしておきます。

Range ("C1:I1388") .Select	ソートする範囲を選択
Selection.Sort	選択した部分を以下のオプションでソート
Key1:=Range ("C2"),	並べ替えるフィールドを，Range で指定
Order1:=xlAscending,	昇順に並べ替え
Header:=xlGuess,	見出しを Excel が自動判断
MatchCase:=False,	大文字と小文字を区別しない
Orientation:=xlTopToBottom,	行方向の並べ替え
SortMethod:=xlPinYin	ふりがなを使う
Range ("B2") .Select	検索語を入力するセルを選択（フォーカスを B2 に戻す）

```
Worksheet                              ▼   Change                              ▼
 Private Sub Worksheet_Change(ByVal Target As Range)
   Range("C1:H1388").SeTect
      Selection.Sort Key1:=Range("C2"), Order1:=xlAscending, Header:=xlGuess, _
         OrderCustom:=1, MatchCase:=False, Orientation:=xlTopToBottom, SortMethod _
            :=xlPinYin
 End Sub
```

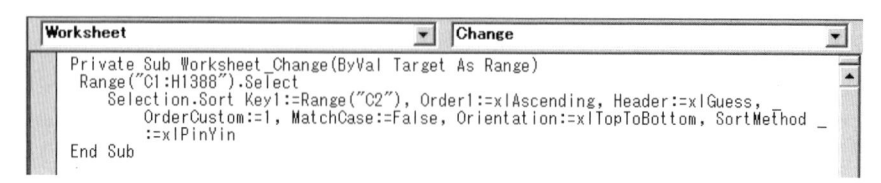

図1-64　できあがったコード

③　実行し，機能を確かめる

　　マクロの設定が済んだら，VBエディタを終了し，エクセルに戻ります。いったんシートを保存します。エクセル2007以降の場合，マクロを含んだシートは，ファイル形式を「.xlsm」で保存することになります。

　　さて，できあがったマクロをテストしましょう。「漢字」シートのセルB2に，適当な漢字を入力します。入力すると，ソートが行われ，表の上部にその漢字を含んだ行が表示されれば，シートは機能しています。

1.8　発音が聞ける英単語リスト

　　エクセルのワークシートに入力した英単語の発音を，聞くことができます。

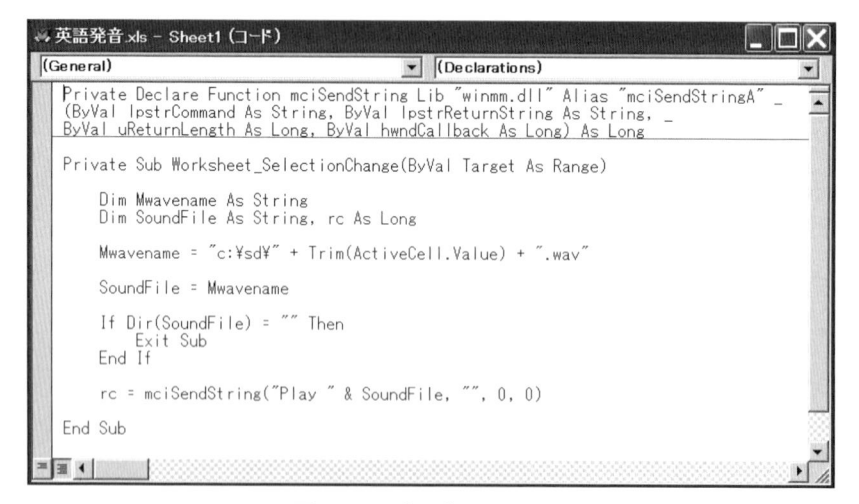

```
英語発音.xls - Sheet1 (コード)                                        □×
(General)                              ▼   (Declarations)                      ▼
 Private Declare Function mciSendString Lib "winmm.dll" Alias "mciSendStringA" _
 (ByVal lpstrCommand As String, ByVal lpstrReturnString As String, _
 ByVal uReturnLength As Long, ByVal hwndCallback As Long) As Long

 Private Sub Worksheet_SelectionChange(ByVal Target As Range)

     Dim Mwavename As String
     Dim SoundFile As String, rc As Long

     Mwavename = "c:¥sd¥" + Trim(ActiveCell.Value) + ".wav"

     SoundFile = Mwavename

     If Dir(SoundFile) = "" Then
        Exit Sub
     End If

     rc = mciSendString("Play " & SoundFile, "", 0, 0)

 End Sub
```

図1-65　プログラムリスト

1.8.1 シート概要

(1) **シートの目的**：英単語とその意味を表示し，その英単語をクリックすると，その単語の発音を聞くことができる。

(2) **仕様**：セルに表示された英単語をクリックすると，その英単語と同じ名前の音声ファイルを再生する。音声ファイルは，同一コンピュータにあるものでも，ネットワーク上にあるものでもよい。

(3) **使用する技術**
　　書式：文字色，背景色の設定
　　マクロ：Worksheet_SelectionChange，Windows APIの使用

1.8.2 シート解説及び使用法

　英語の単語と意味を対照した単語リストはよく見かけます。このシートは，それに音声再生機能を付け加えたものです。シート上の英単語をクリックすると，その単語と同一名の音声ファイルを所定の場所から探し，その音声データを再生します。

　Windows APIという，Windowsの機能を利用するシステムを，エクセルから呼び出し利用します。

　音声が用意されていれば，英単語がシートのどこにあっても，クリックすると，音声を聞くことができます。使用する音声データは，http://www.vector.co.jp/soft/dl/data/edu/se337969.html からダウンロードして使います。これは合成音声なので，音質に満足できない場合は，ネイティブが発音したものを入手するとよいでしょう。

　使用するには，コンピュータのハードディスク（Cドライブ）に「sd」というフォルダ（C:¥sd）を作成します。その中に，発音音声を単語名のWAVファイルにして保存しておきます。ダウンロードしたものであれば，解凍しておきます。

　「発音」シートに英単語を入力し，クリックすると，音声を聞くことができます。リストに日本語訳なども入力し，体裁を整え利用します。

1.8.3 シート作成
1.8.3.1 シート作成の方針
⑴　英単語リストは，日本語訳を含む。
⑵　英単語をクリックすると，音声が 1 回再生される。
⑶　VBA と Windows API を用いる。
⑷　単語の音声データは，フリーのものを用いる。

1.8.3.2 作成手順
⑴　英単語リストを入力するシートを作る
⑵　マクロ部分を作る
　①　選択範囲が変化したときに起動するサブプロシージャを設定する
　②　Windows API を起動するコードを入力する
⑶　実行し，機能を確かめる

1.8.3.3 手順解説
　新しいブックを開き，「英語発音」などと適切な名前を付け保存します。これで，名前の付いたブックができあがります。

⑴　英単語リストを入力するシートを作る
　　Sheet1 を「発音」と命名します。Sheet2 ～ 3 は消去します。
　　A 列を英単語，B 列を意味を入力する列とします。データ部分をはっきりとさせるために，AB 列を選択して背景色を設定します。ここでは，薄い黄色を設定しています。文字色は，A 列と B 列の色を変えて設定します。これは，英単語とその意味を分けるためです。適宜，AB 列にデータを入力しておきます。

⑵　マクロ部分を作る
　　①　選択範囲が変化したときに起動するサブプロシージャを設定する
　　　「開発」タブから「Visual Basic」を選び，VB エディタを表示させます。プロジェクトウインドウで，「Sheet1」を右クリックします。出てくるメニューから，「コードの表示」を選びます。コードウインドウが表示されたら，オブジェクトボックスのプルダウンメニューから「Worksheet」を

選びます。プロシージャボックスの表示が「SelectionChange」と変わり，コードウインドウに SelectionChange のサブプロシージャが現れます（図 1-66 〜図 1-68）。

図 1-66　プロジェクトウインドウで Sheet1 をクリック

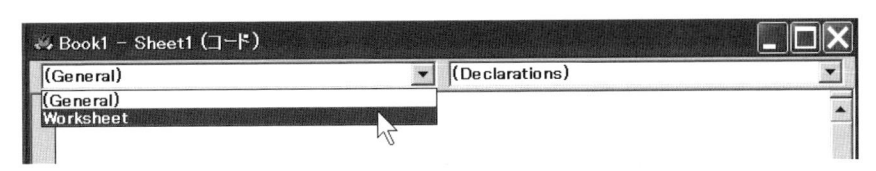

図 1-67　コードウインドウで Worksheet を選ぶ

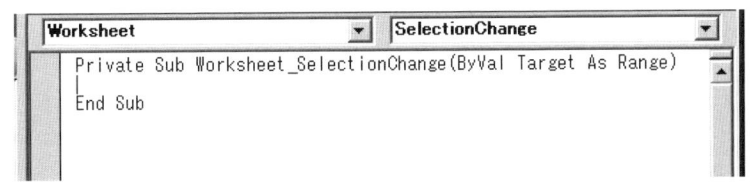

図 1-68　SelectionChange のサブプロシージャが現れる

② Windows API を起動するコードを入力する

まず，サブプロシージャの前に次のコードを入力します。

```
Private Declare Function mciSendString Lib "winmm.dll" Alias "mciSendStringA" _
(ByVal lpstrCommand As String, ByVal lpstrReturnString As String, _
ByVal uReturnLength As Long, ByVal hwndCallback As Long) As Long
```

これは，Windows API を VBA から使えるようにする"おまじない"と考えてください。この仕組みを理解するには，ある程度の時間がかかります。興味のある人は VBA の参考書を調べてみてください。

①でできたサブプロシージャの内部に，コードを記述します（図 1-65）。

実際には，Private Sub から End Sub の間に，次のコードを入力します。

```
Dim Mwavename As String
Dim SoundFile As String, rc As Long
Mwavename = "c:¥sd¥" + Trim (ActiveCell.Value) + ".wav"
SoundFile = Mwavename
If Dir (SoundFile) = "" Then
Exit Sub
End If
rc = mciSendString ("Play " & SoundFile, "", 0, 0)
```

このコードは，選択されている語（文字列）に".wav"を付け加えて，音声ファイルの名前を作り，それを，Windows の音声再生システムに渡すものです。

Dim で変数を定義し，Mwavename で音声ファイル名を作ります。Dir を使って音声ファイルの有無を調べ，なければ終了，あった場合は，最終行で，Windows API に音声ファイル名を渡しています。

(3) **実行し，機能を確かめる**

　英単語の入っているセルをクリックして，設定通り音声が再生されるかどうか，確認します。作動しない場合は，調査をします。

　調査は，音声の保存されているフォルダがあるか，音声（WAV）ファイルが存在するか，からはじめます。それらが存在する場合は，プログラムを順次動かしてみて，想定している動きができているかを，確認します。この際に，「Debug.Print」（VBAの機能の1つ。プログラムの作動の過程を調べる）などを使います。

1.9　ワークシートの自動合成

　複数のファイルにあるシートから，特定部分を取り出し，1つのシートにまとめます。

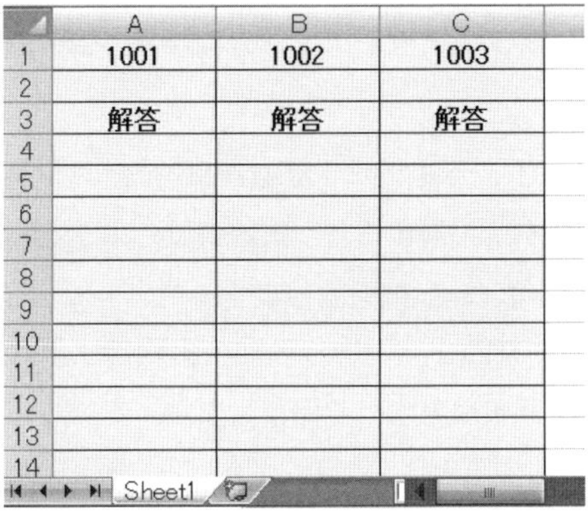

図 1-69　合成用シート 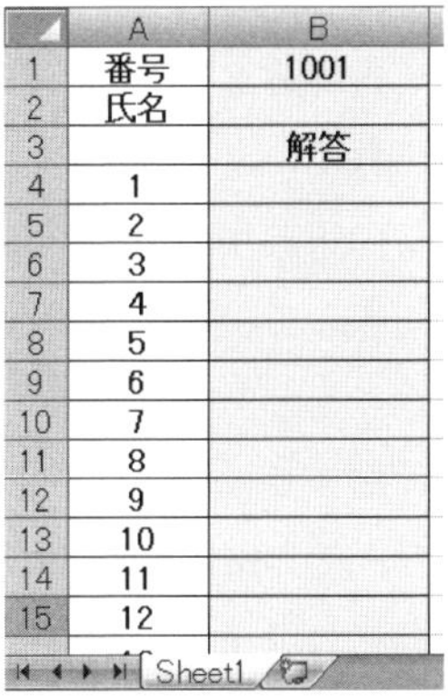　　　　　図 1-70　解答用紙

1.9.1　シート概要

(1) **シートの目的**：複数のファイルにあるシートのデータを，自動的に1枚のシートにまとめる。
(2) **仕様**：特定のフォルダ内にある，すべてのエクセルファイルを読み込む。シートのB列にあるデータを，順次読み出し，1枚のシートにまとめる。

(3) **使用する技術**
　　書式：背景色の設定
　　マクロ：マクロの基本（開発タブの表示，Visual Basic Editor の使用，マクロの記録），繰り返し処理（Do While Loop），フォルダ内ファイル名の取得（Dir）

1.9.2　シート解説及び使用法

　エクセルのシートを，テストの解答用紙，あるいはアンケートの回答用紙として用いて，採点や集計を簡便に行うシステムの一部として使うことができます。この例では，解答用紙として，図 1-70 のようなシートを使います。問題用紙は別に用意します。アンケートなどの場合は，番号とともに質問を提示してもよいでしょう。

　解答用紙の集約には，図 1-69 のようなシートを使います。図 1-69 では，すでに 3 人分のデータが集約された形になっていますが，集約を開始する前は，何も書き込まれていません。しかし，このシートにはマクロプログラムが組み込まれています。

　この集約用マクロプログラムは，C ドライブの「ADDTEMP」というフォルダに入っているファイルを処理します。起動すると，集約対象のエクセルファイルのシートの B 列のデータを 1 枚のシートに転記します。

　使用するには，C ドライブに「ADDTEMP」という名前の集約用フォルダを作り，そこに集約対象の解答用紙ファイルをすべて保存します。ファイル名は重複しないよう，解答者の ID などにするとよいでしょう。シート合成用のマクロを含んだシートを開き，「開発」タブからマクロを起動します。シートの集約が終わったら，シートに適切な名前を付けて保存します。

　テストの解答やアンケートの回答だけでなく，定型のデータを多量に処理するときに利用できます。この例では 1 列のデータですが，改造すれば柔軟に対応できます。

1.9.3 シート作成

1.9.3.1 シート作成の方針
(1) データシートは，A 列に見出し，B 列に集約対象のデータが入力されているものとする。
(2) データシートを含むファイルは，「C:¥ADDTEMP」に保存されているエクセルファイルすべてを対象とする。
(3) 集約用シート上では，順次，列単位で右方向にデータを追加する。
(4) マクロを用いる。

1.9.3.2 作成手順
(1) 解答／回答用シートを作る
　① 新しいブックを開き，「Sheet1」のみを残し，それ以外のシートを削除する
　② 体裁を整える
　③ B 列に適切なダミーデータを入力する
　④ 目的に応じた名前で保存する

(2) 集約用シートを作る
　① 新しいブックを開き，「Sheet1」のみを残し，それ以外のシートを削除する
　② マクロ記録で，データシートを集約する手順を記録する
　③ 記録したプログラムコードを整理する
　④ フォルダ内の処理を行うルーチンを付加する
　⑤ 作動テストをする

1.9.3.3 手順解説
(1) 解答／回答用シートを作る
　① 新しいブックを開き，「Sheet1」のみを残し，それ以外のシートを削除する
　　解答者が使用する，空の解答用紙になるものです。複数のシートがあると紛らわしいので，1 シートのみにします。sheet2, sheet3 の見出しを

右クリックして「削除」を選びます。

② **体裁を整える**

目的に合った見出しを各行に付け，必要に応じて，罫線や背景色などを整え，使用しやすいようにします。ここでは，図 1-70 のように，A 列に問題番号，B 列に解答記入部分を設けています。

③ **B 列に適切なダミーデータを入力する**

マクロを記録したり，プログラムの作動テストのために，実際に利用するデータに近いものを入力しておきます。

④ **目的に応じた名前で保存する**

このシートは，解答／回答用シートのテンプレートとなります。「解答用紙」，「回答用紙」などの，わかりやすいファイル名を付けて保存します。

(2) **集約用シートを作る**

① **新しいブックを開き，「Sheet1」のみを残し，それ以外のシートを削除する**

集約用シートには何も入力しません。適切なファイル名を付けて，保存しておきます。ここでは「CPcolumn」としました。Copy Column の略です。

② **マクロ記録で，データシートを集約する手順を記録する**

手動で，データシートの B 列を，集約用シートに次々にコピー＆ペーストする手順は，次のようになります。

データシートのファイルを開く → シートの B 列を選択する → 選択した部分をコピーする → 集約用シートへ移る → A 列の 1 行目を選択する → 貼り付ける → 次のペーストする位置（集約用シート B 列）を選択する

（注）データのペースト位置は順次移動します

実際に，この手順をマクロ記録で記録し，プログラムのコードを取得してみましょう。記録するには，次のように操作します。

新しいブックを開き,「マクロ記録」と命名し,ファイル保存します。これが記録用になります。
　次に,解答／回答用シートを作る手順にしたがい,図1-70のようなシートを含んだファイルを作ります。それを「解答用紙」と命名して,「C:¥」に保存しておきます。
　ファイルの準備ができたら,先ほど作った記録用のブックを開きます。
　「開発」タブから「マクロの記録」をクリックして,マクロ記録を開始します。前述のシート集約の手順を行います。「開発」タブに戻り,「記録終了」をクリックしてマクロの記録を終了します。
　コード化された手順は以下のようになります。
　これを見ると,シートの選択には「Activate」,列やセルの選択には「Select」という命令語が使われています。また,コピー（Copy）,ペースト（Paste）などの操作は,VBAでも,copy, paste となっています。

```
Sub Macro1()
' Macro1 Macro
'
    Workbooks.Open Filename:="C:¥解答用紙.xls"
    Columns("B:B").Select
    Selection.Copy
    Windows("マクロ記録.xlsx").Activate
    Columns("A:A").Select
    ActiveSheet.Paste
    ActiceCell.Next.Select
End Sub
```

③ **記録したプログラムコードを整理する**
　マクロ記録には,余分なコードが入ってしまうことがあるので,それらを取り除きます。その際,"ヘルプ"を参照したり,参考書を調べる必要

④ フォルダ内の処理を行うルーチンを付加する

　フォルダ内のファイルリストを取得するルーチンである「Dir」，また，ある条件が満たされるまで手順を繰り返すルーチンである「Do While Loop」，そして，ブックを開くという指示の「Workbook.Open」などを付け加えて，できあがったのが次のリストです。

```
Sub CPcolumn()                                      '列コピールーチンの始点
Dim mfilename                                       '集約用ファイル名を格納する変数
Dim mfile                                           '処理するファイル名を格納する変数

mfilename = ActiveWorkbook.Name                     '集約用ファイル名を読み込む，現在表示さ
  'Debug.Print "Basefile----->" + mfilename         れているもの
Columns("A:A").Select                               'データを集約する起点となるセルを選択しておく
mfile = Dir("C:\ADDtemp\*.xls")                     '処理するファイルを読み込む
  'Debug.Print mfile
Do While Len(mfile) <> 0                            '処理するファイルがなくなるまで繰り返す。
                                                     Dir で読み込めるファイルがなくなると長さ
                                                     が 0 の文字列を返す

    Workbooks.Open Filename:="C:\ADDtemp\" + mfile  '処理するファイルを開き
    Columns("B:B").Select                           '読み込む列を選択する
    Selection.Copy                                  '選択した部分をコピーする

Windows(mfilename).Activate                         '集約用ファイル（シート）を表示する
  ActiveSheet.Paste                                 '表示されたシートに貼り込む
  ActiveCell.Next.Select                            '選択セルを右へ1つ移動しておく

mfile = Dir                                         '次に処理するファイルを読み込む
Loop                                                'Do の先頭へ戻る
End Sub                                             '列コピールーチンの終点
```

　Dir 関数と「Do While Loop」を用いて同一の処理をフォルダ内のすべてのファイルに施します。この2つの動きを理解してください。図 1-71 のリストを参照して説明を読んでください。

　まず，「Do While Loop」の動きを見てみましょう。「mfile = Dir（"c:\ADDtemp*.xls"）」の行で，はじめに処理するファイル名を取得します。

「mfile」という変数にファイル名を取得します。「Do While Len(mfile) <> 0」からループに入ります。ここが，ループの起点です。1番目のファイルに処理を施し，「mfile = Dir」で，次に処理するファイル名を取得します。

「Loop」（ループの終点）から，「Do」の起点（「Do While Len(mfile) <> 0」）へ戻ります。

「Len(mfile)」の値が0でなければ処理を続け，0ならば処理を終わります。

次に，Dir関数の機能を，以下に述べます。

＜Dir関数の機能＞
(a) Dir関数は，引数pathnameと一致する最初のファイル名を返す。
(b) それ以外のファイル名で，引数pathnameと一致するファイル名を取得するには，引数を指定せずに再びDir関数を呼び出す。
(c) 一致するファイル名がない場合は，Dir関数は長さ0の文字列を返す。

(a)について，このプログラムでは，引数pathnameの値は，「"C:¥ADDtemp¥*.xls"」です。そこで，Cドライブの「ADDtemp」フォルダ内の「xls」という拡張子を持つファイルの，最初のファイル名を取得できます。

(b)に相当するのは，「Loop」直前の「mfile=Dir」の部分です。この行で，次に処理するファイル名を得ることができます。

(c)なので，一致するファイル名がない，すなわちフォルダ内のすべてのファイルを処理し終わったときには，「長さ0の文字列」が返されます。この機能を使って，「Do」の条件を，「Len(mfile) <> 0」（mfileの長さが0ではない）としているので，「Do」ループの処理は終わります。

この「Dir」と「Do Loop」で機能するループ内に，マクロ記録で得られたコピー＆ペーストの手順を組み込んだものが，94ページのリストです。

マクロの動きを確認するために，このリストを入力しましょう。

「開発」タブより「Visual Basic」を選び，VBエディタを開きます。プロジェクトエクスプローラの「VBAProject」（ツリーの一番上のもの）を右クリックして，出てくるメニューから「挿入」→「標準モジュール」を選ぶと，新しいモジュールが追加されます。コードウインドウに94ページのリストにあるコードを入力します。「'」が付いている右側の部分は，注釈文（レム）なので，入力する必要はありません。プログラム中の「Debug」や「MsgBox」で始まっている注釈文（レム）は，プログラムの動きを確かめるときに使います。必要があれば入力しておきます。

コードを入力したら，プログラムの流れをよく確認してみてください。94ページのリストの右側の注釈文を読むとわかります。1枚の解答／回答シートに対して行う処理は「Do While」と「Loop」の間に入っている部分です。先ほど，「マクロ記録」で得られたものです。「Do While」と「Loop」の間に入れて繰り返し行わせています。

記録したマクロと集約用シートのマクロの相違点は，次の(a)〜(c)の部分とシート名です。

(a) マクロ記録では，ファイル名を人が指定しています。集約用シートのマクロでは，フォルダ内のファイル名を自動で取り出したものを，変数「mfile」に格納し，それにフォルダ名を付け加えてから処理しています。

(b) 集約用シートのマクロでは，はじめの部分で「mfilename」という変数に集約用のファイル名を格納しています。こうすると，集約用のファイル名が変わっても対応できます。

(c) 集約用シートのマクロでは，データの貼り付けの起点を「Do」〜「While」のループに入る前に，「Columns(A:A).Select」と指定し，次の起点をループの中で，「ActiveCell.Next.Select」と次の選択位置へ移動しています。

⑤ 作動テストをする

このマクロは，フォルダ内の処理対象ファイルがある限り処理を行いま

す。「Dir」を用いて，ファイル名を取得します。順次，ループ内の処理を行い，「Dir」で得られるファイル名の長さを LEN 関数で調べ，「長さがない」，すなわちファイル名がなくなったときに，ループを出てプログラムを終了します。

　実際にファイルを「ADDtemp」に保存し，マクロを動かして，所定のデータが転記されているか，確認します。

第 2 章
エクセルの操作と関数の使用法

　本章では，シートを作成する際に知っておくべきエクセルの操作と，関数の具体的な使用法について説明します。

　エクセルの基本は身に付けていることを前提にしているので，ここでの説明がわからない場合は，入門書あるいはインターネットの入門サイトで基本を押さえてください。

2.1　エクセルの画面と機能

　まず，画面のおおまかな配置と，そこに表示されているものの名称について触れておきます。

　本書の説明は，Windows 用 Excel 2007 をもとにしています。Excel 2010, Excel 2013 になって，インターフェイスに若干の変更が見られますので，必要な場合は言及します。

　なお，エクセルの機能の主要な部分は，Excel 2000 において，完成されています。それ以降は，機能の大幅な変更はありませんが，メニューの配置，リボンの追加など，インターフェイスの変更が多々行われています。Excel 2003, 2007, 2010, 2013 と，さまざまなバージョンを使用することがある場合には，メニューやボタンの位置がわからないことがあります。そのときは，"ヘルプ"を使って機能を検索してください。

　エクセルの画面は，一番上から，クイックアクセスツールバー，文字によるメニュー（リボンのタブ），アイコンによるメニュー（リボン），アクティブ

セル情報表示部，シート／セル（計算表部分）となっています。また，Excel 2007 では，Office ボタンにも多くの機能が割り振られています。

2.1.1 画面各部の概要

　一番上の**クイックアクセスツールバー**には，よく使う機能を登録することができます。その下の**文字によるメニュー**は，リボンのタブになっています。メニューをクリックすると目的のタブが開き，その下の**リボン**と呼ばれる領域にはアイコンが表示されます。アイコンをクリックし，機能を選択します。クリックすると，その内部がさらにいくつかのメニューに分かれているものがあります。メニューの階層が深く，目的の機能が見つけにくいときもあります。頻繁に使用するものは，クイックアクセスツールバーに登録したり，場所を記憶しておきます。また，利用するエクセルのバージョンにより，目的の機能の表示場所が違うので，頻繁に利用する機能はどこにあるか，憶えておきます。

　リボンの下にある**アクティブセル情報表示部**は，数式を編集する場合によく使用します。**名前ボックス**には，現在選択中のセルの座標が示されます。**数式バー**には，選択中のセル内の数式やデータが示されます。

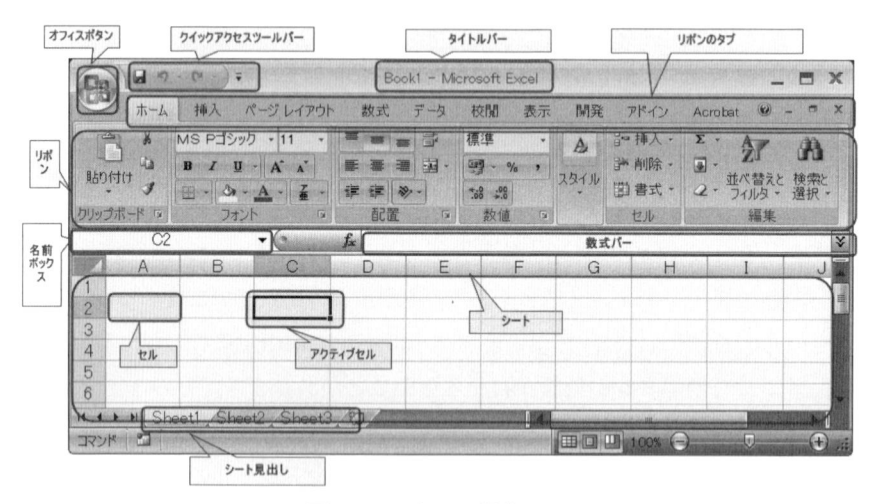

図 2-1　エクセル操作画面

> **Office ボタン**：新規作成や保存，印刷などの基本メニュー
> **タイトルバー**：作業中のブック名（ファイル名）を表示
> **数式バー**：アクティブセルに入力されている文字や数式を表示
> **シート**：エクセルの作業領域
> **シート見出し**：シート名の一覧表示，シートの切り替え／追加
> **名前ボックス**：アクティブセルの位置を表示
> **リボン**：ウインドウ上部にある，機能別にまとめられたボタンがある領域
> 　　　　（リボン上部のタブでメニューを切り替えられる）
> **セル**：データや数式を入力する場所
> **アクティブセル**：現在選択しているセル

これらの用語はよく使われるので憶えましょう。また，表示画面の各部分をマウスでクリックしたり，何か入力したりして，どのような反応があるか確かめてみましょう。

2.2　エクセルの操作

2.2.1　セルの指定法

　参照式を使ってセルを指定する場合は，通常，「A1」（A列1行）のように，列と行を組み合わせて表記します。これを **A1 参照形式**といいます。

　また，マクロを使用する場合には，**R1C1 参照形式**と呼ばれる参照形式を使うことがあります。R は Row（行），C は Column（列）を表します。

　2つのセル参照方式は，縦横の参照の順番が逆になっているのに気付くでしょう。「R1C1」のセルは，A1 参照形式では「A1」にあたります。

　2つの参照形式では，列と行が前後するので，使うときには「列」，「行」という言葉を使わず，「A1（のセル）」「R1C1（のセル）」と表記すれば，紛らわしくありません。セル範囲の指定は「A1：C5」のように，範囲の左上と右下の対角線に位置するセルを，「：」（コロン）で結んで表します。

> A1 形式：通常の参照形式（A（列の 1 番左），1（行の 1 番上））
> R1C1 形式：マクロなどで使用（R1（行の 1 番上），C1（列の 1 番左））

例えば，あるセルに「+A1」と入力すると，通常の設定では「A1」のセルに表示されている情報（数値，文字）を参照して表示します。

> 数式をセルに入力すると，その計算結果や参照先の値が示される。

2.2.2 セルに入力できるもの

セルには，文字列，数値，日付，数式，関数，URL，図・写真などが入力できます。本書では，文字列，数値，日付，数式，関数を中心に扱います。

セルに入力されたものは，エクセルが自動的に認識し表示します。文字列と認識されたものは文字列として，数値（数字）と認識されたものは数値として，日付と認識されたもの（「2014/01/01」，「4月2日」など）は日付として，表示されます。

エクセルでは，利用者の意図に反して，データ表示形式を変更して表示することもあります。その場合は，明示的に形式を指示します。数式，関数を入力するときは，「+」または「=」を先頭に付けます。また，例えば，「+16-AA」など，数式のように見える文字列を，数式ではなく文字列として入力したいときは，「'」（アポストロフィー）を先頭に付けます。

> ＜明示的入力＞
> 　数式，関数を入力する場合：先頭に「+」または「=」を付ける
> 　文字を入力する場合　　　：先頭に「'」（アポストロフィー）を付ける

2.2.3 セルの数式を表示する

セルに「値」（文字列，数値）を入力しても，また，「数式」を入力しても，

セルに表示されるのは，入力した値または数式で計算された結果の値です。見ただけでは，セルに入っているものがどちらなのか，区別がつきません。

数式バーには，アクティブセルに入力された数式，数値が表示されます。また，セルをダブルクリックすると数式が表示されます。しかし，すべてのセルの数式を一覧することはできません。

シート全体に設定されている数式を見るには，次の操作で，数式の表示／非表示を切り替えます。

＜数式の表示／非表示の切り替え＞
　Ctrl ＋ Shift ＋ ` を押す（`（アクサングラーブ）は ＠ と同じキー）

2.2.4　コピー＆ペースト，ドラッグなどの基本操作

シートを作成する際には，数式や文字列を数多く使用します。その際，シート上の多くのセルに，大部分は同じで少しずつ変化した数式やデータを入力する場合があります。これを一つ一つ手作業で行うのは不可能に近いことです。エクセルには，このような作業を支援するコピー＆ペースト，ドラッグ，オートフィルなどの機能があります。

2.2.4.1　コピー＆ペーストと3つのドラッグ法

(1) **コピー＆ペースト**：セル（セル範囲）を選択し，右クリックメニューより「コピー」し，コピー先のセルを選択して，右クリックメニューより「貼り付け」ることです。

(2) **コピー＆ペーストのときのドラッグ**：セルを選択し，セルの右下にカーソルを合わせ，カーソルが「＋」(**黒十字**)に変わったら，この「＋」を，マウスでコピー＆ペーストしたい方向へドラッグします（このとき現れる「＋」を，ファイルハンドルと呼びます）（図 2-2）。

(3) **セル内容の移動のときのドラッグ**：「＋」(**四方に矢印の付いた十字**)が，セル枠の下辺にカーソルをあてると現れるので，これををドラッグしてデータを移動します（図 2-3）。

(4) 選択セル範囲の拡大のときのドラッグ：セル内にカーソルを合わせると現れる「＋」（**白十字**）をドラッグして，選択しているセル範囲を広げます（図 2-4）。

```
＜3つのドラッグの，カーソルをあてる所と「＋」の形状＞
    コピー＆ペーストのとき        セル右下      黒十字
    セル内容の移動のとき         セル下辺      四方矢印十字
    選択セル範囲の拡大のとき      セル内        白十字
```

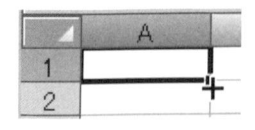

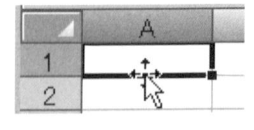

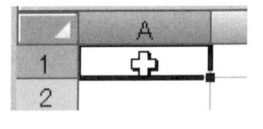

図 2-2　コピー＆ペースト　　図 2-3　内容移動　　図 2-4　範囲拡大

- **コピー＆ペースト，ドラッグの注意点**

　コピー＆ペーストや（コピー＆ペーストのときの）ドラッグ操作は，扱うデータによって得られる結果が違うので，注意が必要です。次に，これらの操作の特性をまとめておきますので，実際にデータを入力して，操作を確認しておきましょう。操作に習熟して，操作を意識することなく目的の結果が得られるようになると，仕事が速くなります。

2.2.4.2　数値のコピー＆ペーストとドラッグ

　数値の場合，（コピー＆ペーストのときの）ドラッグ操作では，入力される数値の間隔で，結果が違います（図 2-6）。

図 2-5　数値のコピー＆ペースト

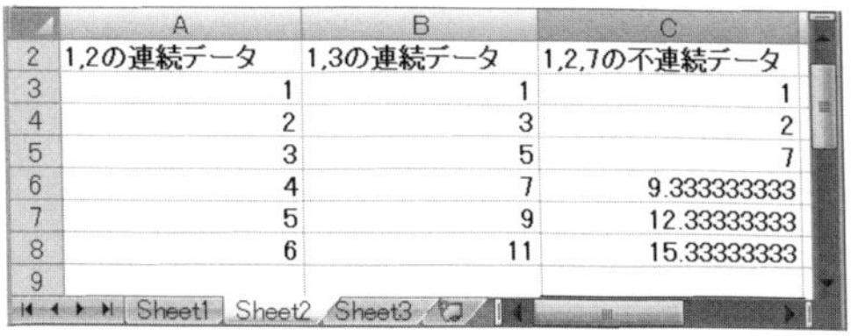

	A	B	C
2	1,2の連続データ	1,3の連続データ	1,2,7の不連続データ
3	1	1	1
4	2	3	2
5	3	5	7
6	4	7	9.333333333
7	5	9	12.33333333
8	6	11	15.33333333
9			

図 2-6　数値のドラッグ（コピー＆ペーストのとき）

＜数値のコピー＆ペーストとドラッグ＞

・コピー＆ペースト
　そのままの値がコピー＆ペーストされる。（図 2-5 の A，B 列）
・ドラッグ（コピー＆ペーストのとき）
　連続する数値の場合，その数値間の間隔を保った数列が作成される。
　（図 2-6 の A，B 列）
　数値の間隔が一定でない場合，不可思議な数列が生成される。
　（図 2-6 の C 列）

2.2.4.3　数式のコピー＆ペーストとセル参照の記述

数式をコピー＆ペーストすると，ペースト先のセルとコピー元との相対位置によって，セル参照式が自動変化します。しかし，「$」を付加してセル参照の記述を変えると，自動変化を抑制できます。この機能のおかげで，複雑な帳票に容易に数式を設定できます。

＜数式のコピー＆ペーストとセル参照の記述＞

セルに入力したものをエクセルが数式と判断した場合は，コピー＆ペースト，ドラッグともに，相対位置を基準に参照座標が変化する。しかし，「$」を，「= $A+$1」のように，行，列の前に付けることで，参照の自動変化を抑制することができる。

参照の記述の相違による数式の変化を見るために，**相対参照，絶対参照，**

複合参照（行抑制），複合参照（列抑制）を比較します。それぞれの場合の式の変化と，それによる参照先の変化を見てみましょう。この4例の参照元の値は，図2-7のようになっています。参照元のA1：E5には，それぞれのセルのセル座標を，文字データとして入力してあります。

	A	B	C	D	E
1	A1	B1	C1	D1	E1
2	A2	B2	C2	D2	E2
3	A3	B3	C3	D3	E3
4	A4	B4	C4	D4	E4
5	A5	B5	C5	D5	E5
6					

図2-7 参照元のデータ

(1) 相対参照（$を付加せず数式を入力した場合）

セルG1に「=+A1」と入力します。G1をコピーしてG1：K5にペーストします。数式が相対位置によって変化していることがわかります（図2-8）。

A1セル参照形式では，基本は**相対参照**です。すなわち，あるセルに書き込まれた数式が，別のセルにコピー＆ペーストされた場合は，元のセルとの相対位置により自動的に数式が変化して，参照先が変わります。

右方向に1セル分移動してコピー＆ペーストされた場合は，元のセル参照式が「+A1」であれば，「+B1」と変わります。下方向に1セル分移動してコピー＆ペーストされた場合は，元のセル参照式が+A1であれば，+A2と変わります。

個人成績表の計算などは，個人名と科目別の得点が縦横に並び，そのそれ

	F	G	H	I	J	K
1		=+A1	=+B1	=+C1	=+D1	=+E1
2		=+A2	=+B2	=+C2	=+D2	=+E2
3		=+A3	=+B3	=+C3	=+D3	=+E3
4		=+A4	=+B4	=+C4	=+D4	=+E4
5		=+A5	=+B5	=+C5	=+D5	=+E5
6						

図2-8 G1をG1：K5にコピー＆ペースト

F	G	H	I	J	K
	A1	B1	C1	D1	E1
	A2	B2	C2	D2	E2
	A3	B3	C3	D3	E3
	A4	B4	C4	D4	E4
	A5	B5	C5	D5	E5

図2-9 表示される値

ぞれを縦横に合計していきます。この場合，参照が縦横ともに自動で変化しなくては不便です。

⑵　絶対参照

セル G1 に「=+$A$1」と入力します。G1 をコピーして G1：K5 にペーストします。

列，行の両方に「$」（ダラーマーク）を付けると，どこにコピー＆ペーストしても，参照先の記述が相対変化しません。この例では，すべてのセルに A1 への参照式が入っています（図 2-10）。

数式をどこにコピー＆ペーストしても，特定のセルの値を参照したい場合に，絶対参照を使います。セル参照の記述に，「+$A$1」と，列・行の両方に「$」を付ければ，数式をどこにコピー＆ペーストしても，A1 のセルを参照することができます。セル A1 の値をもとに規則的な文字列を生成する場合や，A1 に変換レートなどを入力して，複数の関連する値を算出する場合などに便利でしょう。

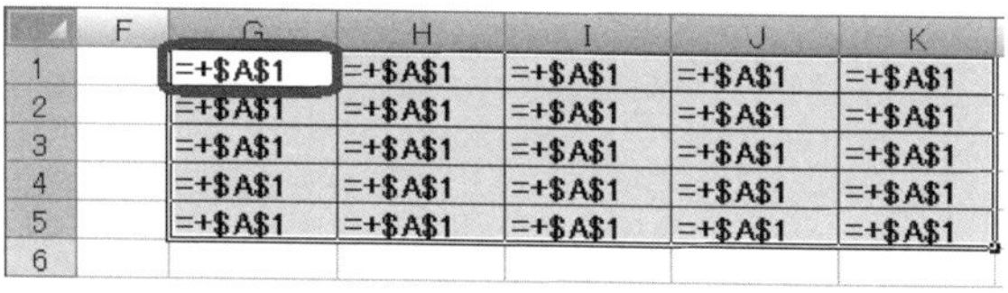

	F	G	H	I	J	K
1		=+$A$1	=+$A$1	=+$A$1	=+$A$1	=+$A$1
2		=+$A$1	=+$A$1	=+$A$1	=+$A$1	=+$A$1
3		=+$A$1	=+$A$1	=+$A$1	=+$A$1	=+$A$1
4		=+$A$1	=+$A$1	=+$A$1	=+$A$1	=+$A$1
5		=+$A$1	=+$A$1	=+$A$1	=+$A$1	=+$A$1
6						

図 2-10　G1 を G1：K5 の範囲にコピー＆ペースト

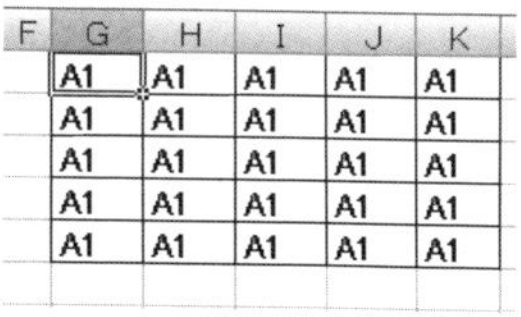

F	G	H	I	J	K
	A1	A1	A1	A1	A1
	A1	A1	A1	A1	A1
	A1	A1	A1	A1	A1
	A1	A1	A1	A1	A1
	A1	A1	A1	A1	A1

図 2-11　表示される値

⑶　複合参照（行抑制）

セル G1 に「=+A$1」と入力します。G1 をコピーして G1：K5 にペーストします。

この例では，行に「$」が付いているので，行は常に「1」に固定されます。列には「$」が付いていないので，相対変化します。

どのセルの参照式も，行の参照は「1」で変化しませんが，列の参照は「B, C…」と相対的に変化しています（図 2-12，図 2-13）。この形式を使うと，各列の特定の行の値を用いて，各列ごとの処理をすることができます。

	F	G	H	I	J	K
1		=+A$1	=+B$1	=+C$1	=+D$1	=+E$1
2		=+A$1	=+B$1	=+C$1	=+D$1	=+E$1
3		=+A$1	=+B$1	=+C$1	=+D$1	=+E$1
4		=+A$1	=+B$1	=+C$1	=+D$1	=+E$1
5		=+A$1	=+B$1	=+C$1	=+D$1	=+E$1
6						

	F	G	H	I	J	K
1		A1	B1	C1	D1	E1
2		A1	B1	C1	D1	E1
3		A1	B1	C1	D1	E1
4		A1	B1	C1	D1	E1
5		A1	B1	C1	D1	E1

図2-12　G1をG1：K5にコピー＆ペースト　　図2-13　表示される値

(4) 複合参照（列抑制）

　セルG1に「=+$A1」と入力します。G1をコピーしてG1：K5にペーストします。

　行には「$」が付いていないので，「1，2，3…」と変化しますが，列には「$」が付いているので，「A」のまま変化しません。この形式は，各行の特定の列にあるデータを対象として，列ごとに異なった処理を行う場合などに利用できます。

	F	G	H	I	J	K
1		=+$A1	=+$A1	=+$A1	=+$A1	=+$A1
2		=+$A2	=+$A2	=+$A2	=+$A2	=+$A2
3		=+$A3	=+$A3	=+$A3	=+$A3	=+$A3
4		=+$A4	=+$A4	=+$A4	=+$A4	=+$A4
5		=+$A5	=+$A5	=+$A5	=+$A5	=+$A5
6						

	F	G	H	I	J	K
1		A1	A1	A1	A1	A1
2		A2	A2	A2	A2	A2
3		A3	A3	A3	A3	A3
4		A4	A4	A4	A4	A4
5		A5	A5	A5	A5	A5

図2-14　G1をG1：K5にコピー＆ペースト　　図2-15　表示される値

2.2.4.4　複合参照の使い方

　1つのセルで数式を設定し，その式を多くのセルにコピー＆ペーストして帳票を作ることができるのが，エクセルの特長です。その際に重宝なのが，この多様な参照方式です。

　数式を行方向にも列方向にもコピー＆ペーストする場合に，**複合参照**を使用すると仕事が速くなります。行方向または列方向の，いずれか一方向にコピー＆ペーストする場合は，相対参照と絶対参照で対応できます。しかし，複合参照を利用すると，数式を1回入力し，それを必要な範囲にコピー＆ペーストすれば，表全体の数式が設定できます。

　図2-16は，A列にある文字列を，1文字ずつMID関数を使ってB～F列に

切り出す表の作成例です。セルB2に，セルA2にある文字列の，セルB1の数値で指定した位置から1文字取り出すという式を入力しています。

この数式では，処理対象の文字列を参照する式は「$A」と，列を抑制しているので，処理対象はA列に限られます。取り出し位置を示す値の入ったセルを参照する式は「$1」と，行が抑制されているので，1行目の位置を示す数値を用いて，切り出し処理を行います。

図2-17では，この数式の入ったセルB2を，F2までドラッグしコピー＆ペーストし，さらに，B2：F2が選択されている状態で，F8までドラッグしコピー＆ペーストすることで，B2：F8の範囲全体に，数式を設定しています。

複合参照を使うと，数式の入力の手間が省けることがわかるでしょう。

	A	B	C	D	E	F
1		1	2	3	4	5
2	12345	=mid($A2,B$1,1)				
3	あいうえお					
4	甲乙丙丁戊					
5	いろはにほ					
6	ABCDE					
7	abcde					
8	α β γ δ ε					
9						

図2-16　複合参照で表を作る①

	A	B	C	D	E	F
1		1	2	3	4	5
2	12345	1	2	3	4	5
3	あいうえお	あ	い	う	え	お
4	甲乙丙丁戊	甲	乙	丙	丁	戊
5	いろはにほ	い	ろ	は	に	ほ
6	ABCDE	A	B	C	D	E
7	abcde	a	b	c	d	e
8	α β γ δ ε	α	β	γ	δ	ε
9						

図2-17　複合参照で表を作る②

2.2.4.5　入力時のセル参照式の記述の変更法

参照式を入力するときに，「$」を入力することなく，セル参照式の記述を

変えることができます。セルに，たとえば「B5」と入力しているとき，F4キーを押すと，数式バーの参照式の記述が，「+$B$5」,「+B$5」,「+$B5」,「+B5」と，順次切り替わって表示されます。

> ＜セル参照式の記述の変更法＞
> セルに参照式を入力しているとき，F4キーを押す。

2.2.4.6 数式をコピー＆ペーストする際の注意

エクセルに慣れないうちは，次のような勘違いをしがちです。注意しましょう。

セル A2 に，「=C2+1」が入力されているとします。これは，「C2 のセルの値に 1 を足した値」を表示させる数式です。セル C2 に 4 が入っていたとすると，表示される数値は 5 です。

ここで，セル A2 に入力されている数式「=C2+1」をコピーして，セル B2 にペーストします。"紙と鉛筆の感覚"だと，セル B2 には「=C2+1」がそのままペーストされるような気がします。

ところがエクセルでは，相対参照，すなわちセル参照の自動変化が基本です。そこで，数式は参照先が右に 1 つずれた形の「=D2+1」と変化します。セル C2 には 4 が入っていましたが，セル D2 に何も値が入っていなければ，セル B2 には 1 が表示されることとなり，初心者は頭をひねります。

> 数式は，異なるセルにコピー＆ペーストすると，変化する。

2.2.4.7　文字列，数値のコピー＆ペーストとドラッグ

＜文字列，数値のコピー＆ペーストとドラッグ＞

・コピー＆ペースト

文字列，数値は，そのままの値がコピー＆ペーストされる（図 2-18）。

・ドラッグ（コピー＆ペーストのとき）

文字列は，a，b，c と連続したデータの場合，「連続データ」に登録されていない限り，続く値の d，e…は生成されない。

数値を含んだ文字列の場合，数値は変化する。

文字列＋数値，また，**数値＋文字列**をドラッグすると，数値は，どちらの場合も自動変化します（図 2-19）。**数値＋文字列＋数値**をドラッグすると，最後の数値のみ，自動変化します（図 2-19）。複数行を選択してドラッグすると，複数行のパターンを維持したまま，コピーされます（図 2-20）。

	A	B	C	D	E
1	abc	5M	M5	M5andM6	20+M4
2	abc	5M	M5	M5andM6	20+M4
3	abc	5M	M5	M5andM6	20+M4
4					

図 2-18　１行目をコピー＆ペースト

6	ABC	5M	M5	M5andM6	20+M4
7	ABC	6M	M6	M5andM7	20+M5
8	ABC	7M	M7	M5andM8	20+M6
9	ABC	8M	M8	M5andM9	20+M7
10	ABC	9M	M9	M5andM10	20+M8
11					

図 2-19　１行目をドラッグ

11	
12	abc
13	def
14	ghi
15	abc
16	def
17	ghi
18	
19	

図 2-20　複数行のドラッグ

2.2.4.8　オートフィルと連続データの登録

曜日など，エクセルにあらかじめ登録されているデータは，ドラッグしてコピー＆ペーストすると，順番に連続したデータが自動入力されます。この機能のことを，**オートフィル**といいます。たとえば，セルに「Sun」と入力します。

そのセルを選択してコピー&ペーストしたい方向へドラッグします（図2-21）。ここでは，真ん中にある「Sun」のセルを，上下左右にドラッグした結果を示しています。

図2-21　オートフィル

オリジナルの連続データを登録することもできます。アルファベットなどは登録しておくと便利でしょう。

Excel 2007の場合，Officeボタン→「Excelのオプション」→「基本設定」→「Excelの使用に関する基本オプション」→「ユーザー設定リストの編集」とたどります（図2-22）。

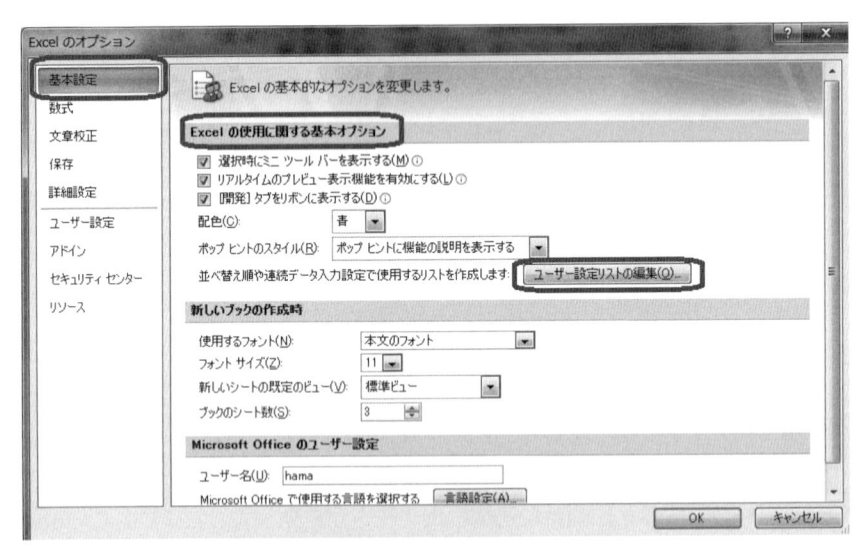

図2-22　連続データの登録（Excel 2007）

Excel 2010，2013の場合，「ファイル」タブの「オプション」をクリックすると，「Excelのオプション」ダイアログが現れます。「詳細設定」を選び，「全般」の項目で，「並べ替え順や連続データ入力設定で使用するリストを作成します」の右横の「ユーザー設定リストの編集」をクリックします。すると，「ユーザー設定リスト」ダイアログが現れます（図2-23）。

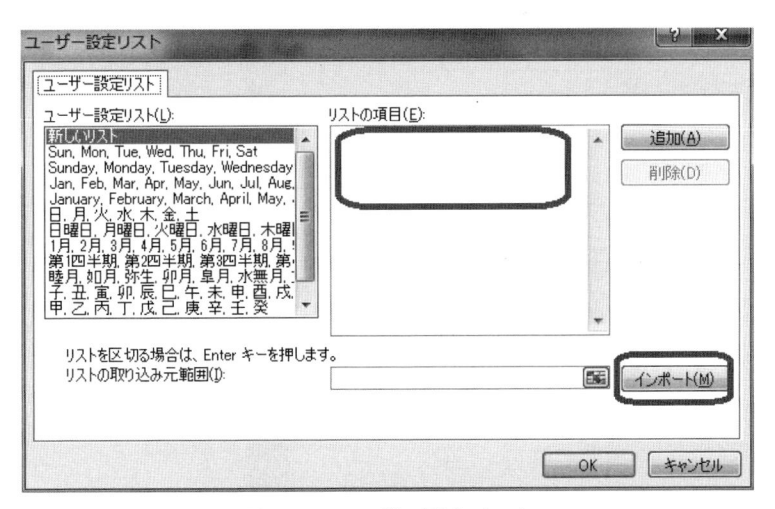

「ユーザー設定リスト」ダイアログの「新しいリスト」をクリックし，「リストの項目」ボックスに，連続データを半角カンマで区切って順に入力します。また，「インポート」をクリックして，あらかじめ作成しておいたリストを読み込むこともできます。入力し終わったら「追加」をクリックし，「OK」をクリックして「ユーザー設定リスト」ダイアログを閉じ，「OK」をクリックして「Excelのオプション」ダイアログを閉じます。

これで，登録した連続データが利用できるようになります。セルに連続データの先頭にする項目を入力してドラッグすると，連続データが入力できます。

連続データを登録すると，オートフィルができる。

図2-23　ユーザー設定リスト

2.2.4.9　ダブルクリックによるオートフィル

　下方にコピー＆ペーストするときは，迅速にできる場合があります。図 2-24 の左のような場合，B1 セルを選択し，セル右下にカーソルをあて，カーソルが「＋」（黒十字）になったら，**ダブルクリック**します。すると，図 2-24 の右のように，オートフィルによって，A 列の値が入力されている最下端の行まで，B 列にコピー＆ペーストされます。

> 　隣の列に連続するデータが入っている場合，セルを選択し，カーソルをセル右下に置くと現れる「＋」（黒十字）をダブルクリックすると，隣の列のデータ入力済みのセル末尾まで，オートフィルにより，コピー＆ペーストされる。隣の列の途中に空白セルがあると，コピー＆ペーストは，その行までとなる。

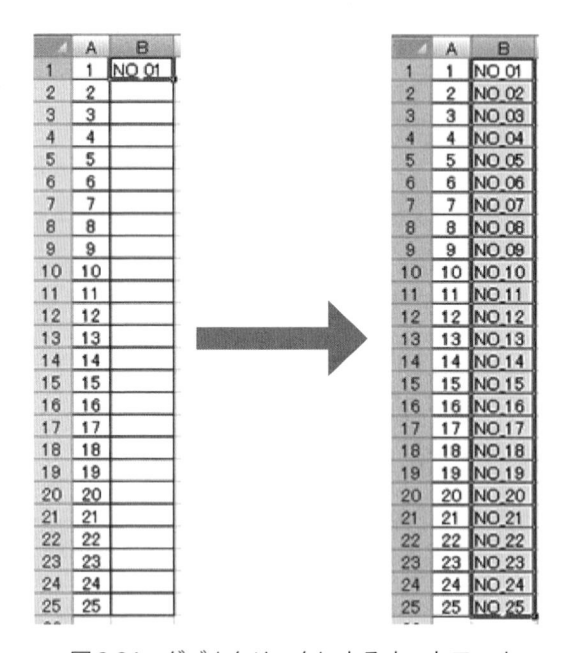

図 2-24　ダブルクリックによるオートフィル

2.2.4.10 「形式を選択して貼り付け」の項目解説

> **＜形式を選択して貼り付け＞の手順**
> 　セルを選択し，マウスの右クリックメニューから，「コピー」を選択。貼り付ける場所を選択し，右クリックメニューから「形式を選択して貼り付け」を選択。すると，ダイアログボックス（図2-25）が現れるので，必要な項目にチェックを入れ，「OK」をクリックする。

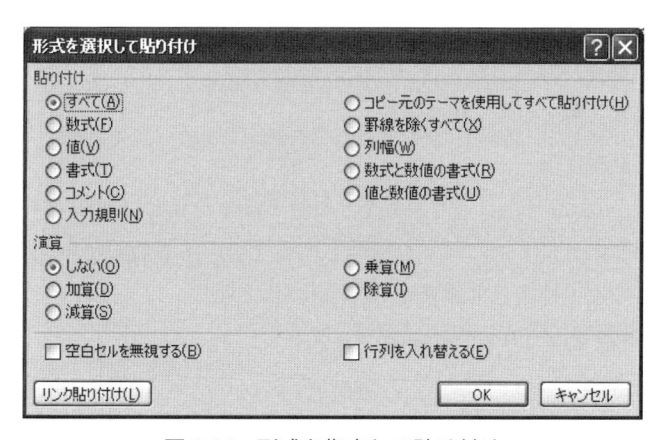

図 2-25　形式を指定して貼り付け

　いろいろな項目がありますが，ここでは，頻繁に使用するものだけを説明します。

(1) **数式**

　　数式だけを貼り付けます。そのまま貼り付けると書式なども同時に取り込まれ，貼り付け先のレイアウトを崩してしまうような場合に使います。貼り付ける場所にしたがって，数式が相対変化することは変わりません。

(2) **値**

　　データの値，あるいは数式の計算結果だけを貼り付けます。数式をコピーして貼り付けると，相対参照で参照セルが変わります。したがって，計算され表示される値も変わります。元の位置での計算結果のみが必要な場合は，

これを選びます。

(3) **書式**

書式だけを貼り付けます。複雑な書式を設定している場合など，その書式だけを他のセルに施すのに便利です。また，値や数式を選択して貼り付けた後，書体，罫線，文字・背景色などの書式もコピー元と同じにしたい場合，「形式を選択して指定して貼り付け」→「書式」で，書式を付加することもできます。

(4) **行列を入れ替える**

行と列を入れ替えて貼り付けます。帳票を扱う場合に，よくある操作です。これを行う，TRANSPOSE 関数もあります。

(5) **空白を無視する**

入り組んだセルに，一度に数式を入力するときなどに便利です。1-4「学習・常用漢字分析」で，漢字を検索し配当を表示する数式を作り，表全体に適用する際に，使用しています。

2.2.4.11 可視セルのみのコピー&ペースト

行や列を非表示（行，列を折りたたんで隠している状態）にしている場合，非表示部分をまたいだ範囲をコピーすると，非表示部分もコピーされます。貼り付けると，非表示部分もペーストされて現れます。

これを避けるためには，コピーする範囲を選択し，**alt＋；**（セミコロン）を押してから，コピー&ペーストします。

＜可視セルのみのコピー&ペースト＞

　コピー範囲を選択し，alt＋；（セミコロン）を押してから，コピー&ペーストする。

2.2.4.12 A1形式，R1C1形式の切り替え

> ＜A1形式，R1C1形式の切り替え＞
> ・Excel 2007の場合
>   メニューバーの「ツール」→「オプション」→「全般」タブの「R1C1参照形式を使用する」をチェック（または，チェックを外す）→「OK」をクリック
> ・Excel 2010，2013の場合
>   「ファイル」タブの「オプション」→「Excelのオプション」ダイアログの「数式」→「数式の処理」の「R1C1参照形式を使用する」をチェック（または，チェックを外す）→「OK」をクリック

　A1参照形式は通常の表示形式で，列をアルファベット，行を数値で表します。R1C1参照形式はRow（行）とColumn（列）で，例えばR1C10（1行10列目）のように表します。R1C1形式で，数値を[ ]に入れて指定すると，数式の入っているセルからの相対参照となります。R[1]の場合は1つ下の行を，R[-1]の場合は1つ上の行を表します。

　R1C1形式を使うと，マクロプログラムを作成する場合にセルを参照しやすくなります。通常はR1C1形式を使いませんが，存在を知っておいてください。

　R1C1形式では「R1C1」と手入力すると，絶対参照になります。参照セルをクリックして参照先とすると，自動的にR[1]C[1]のような形で，相対参照が入力されます。

　A1参照形式では「+A1」と手入力しても絶対参照にはならず，相対参照となるので注意が必要です。

- **セル参照の注意事項**

　セル参照を表す際に，日本語と英語が入り混じってわかりにくいので，ここで整理しておきます。

　行（横方向）：数字（1，2，3…）で示し，英語ではRowです。
　列（縦方向）：アルファベット（A，B，C…）で示し，英語ではColumnです。

2.2.4.13 数式を相対変化させずにコピー&ペーストする方法

> ＜数式を相対変化させずにコピー&ペーストする方法＞
> (1) 単一セルの場合
>   数式の入ったセルを選択 → 数式バーの数式をコピー → 目的のセルをクリック → セルが選択される → Esc（エスケープキー）を押して選択を解除 → 右クリックメニューより「貼り付け」
> (2) 複数セルにペーストする場合（テキストエディタで編集）
>   複数のセルの数式をエクセル上でコピー → テキストエディタに貼り付け → エディタ上の数式をコピー → エクセルに戻って貼り付け先を選択して貼り付け（同じ数式が複数必要な場合などは，エディタ上で複製・編集操作などをしてから貼り付ける）

あるセルに，「=B1+C2」という数式が入力されているとします。このセルをコピーし，1つ右隣のセルに貼り付けると，「=C1+D2」のように，B→C，C→Dと列参照が変化します。また，1つ下のセルに貼り付けると「=B2+C3」のように，1→2，2→3と行参照が変化します。この変化を避けて，全く同じ式「=B1+C2」を入力したい場合があります。

その場合は，対象のセルが1つであれば，数式バーに表示されている数式をコピーします。貼り付け先のセルを選択し，いったんEsc（エスケープキー）を押してからペーストすれば，相対変化していない数式を貼り込むことができます。

また，数表などを作る際，列の先頭行に，同じ数式を入力して，縦にドラッグして数式を作りたい場合があります。多くの同じ数式が必要な場合には，次のように操作します。

必要な数式をエクセル上でコピーして（このとき，Ctrl + Shift + ` を押して数式表示にしておく），テキストエディタ上にペーストします。テキストエディタ上で，必要数の調整や縦横方向の調整をします。できた数式をコピーして，エクセルのセルに貼り付けると，目的を達することができます。

エクセルからコピーしたものは，テキストエディタ上では，縦のセル区切りは「改行」，横のセル区切りは「タブ」になるので，編集する際に注意します。

図 2-26 の 1 ～ 5 行の数式を（テキストエディタ上で）コピーして，エクセルワークシートのセル C1 から貼り付けます。続いて，テキストエディタ上の 7 行目にある数式をコピーして，セル C7 から貼り付けます。その後に，セル A1 に 3 を，セル B1 に 5 を入力した結果が図 2-27 です。「=A1+B1」の値が，それぞれのセルに表示されています。

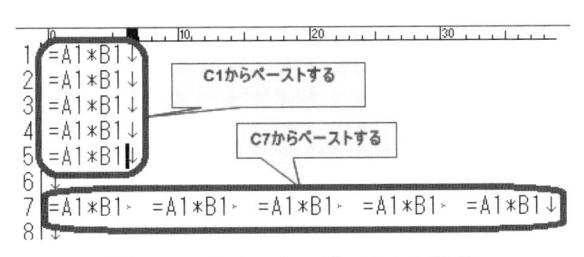

図 2-26　テキストエディタ上の数式

図 2-27　貼り込んだ結果

2.2.4.14　縦に並んだ参照式を変化させずに横方向に展開する方法

縦に並んでいるデータを，横方向に展開し，それをもとに作業を進めたいことがあります。手動で作業する場合は，コピーしてから，行と列を入れ替えて貼り付ければよいのですが，自動で処理をするシートを作成する場合は，参照

式が必要です。

　図2-28の元のリストは，B列に英単語が切れ目なく入力されています。これを上から7つずつ別のシートに切り出して，切り出した7つごとに，処理を進めたいとします。

　図2-29は，7つずつデータを切り出すシートを作っているところです。セルB2には「=+元リスト!B2」，C2には「=+元リスト!B9」という式が入っています。これはB2，C2のセルに「=+」を入力し，「元リスト」の参照先のセルをクリックして作ったものです。この後は，先頭のセル（B2，C2…）を選択して下へ7セル分ドラッグしてコピー＆ペーストすれば，数式が入力されます。

　しかし，データ数が多いと，この方法では追いつきません。縦のリストから一定数を切り出し横に並べる参照式を，簡単に作る方法が必要になります。

　ここでは，7つずつ切り出すので，まず，「=+元リスト!B2」，「=+元リスト!B9」…と続く各列の先頭に入力する参照式を作ります。次に，テキストエディタを使って，できた数式を横方向に展開し，各列の先頭の数式を作ります。エクセルに貼り込んでから，先頭のセルを横一列に選択して，下へ7セル分ドラッグしコピー＆ペーストします。

図2-28　元のリスト

図2-29　7つずつ切り出す

まず，縦にデータの並んだ元のリスト（図2-30）と横に並べる参照式を貼り込んだシートを作っておきます。新しいシートを用意して，次の手順で参照式を作成します。

＜縦に並んだ参照式を変化させずに横方向に展開する方法＞

(1) A1に「'=+元リスト!B2」，A2に「'=+元リスト!B9」と入力する（「'」（アポストロフィー）を忘れずに付ける。まず文字列として数式を作る。図2-31（数式バーの表示に注目））。

(2) A1：A2を選択して，右下にカーソルをあて，カーソルが「+」になったら下方向にドラッグし，必要なだけコピー＆ペーストする（図2-32）。

(3) できた文字列をテキストエディタに貼り付け，「改行」を「タブ」に置換する。（図2-33，図2-34）。

(4) できた数式を目的のシートに貼り付けると，元リストの7つおきの先頭のセルが参照される（図2-35）。

(5) 先頭行を選択し，下方へドラッグしコピー＆ペーストする（図2-36）。

図2-30　元リストには，わかりやすくダミーデータを入れておく

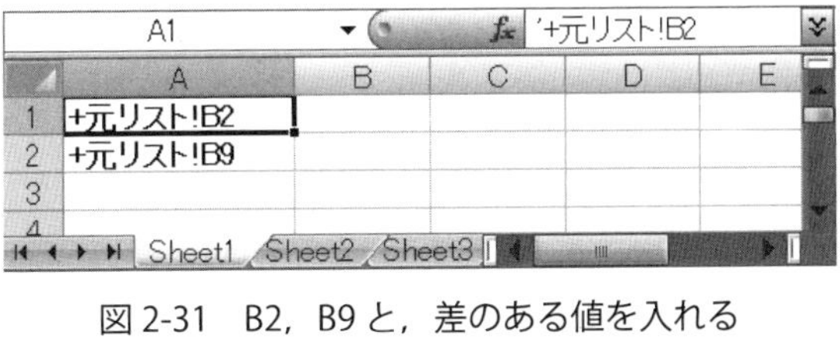

図2-31　B2，B9と，差のある値を入れる

図 2-32　ドラッグして参照式を作る

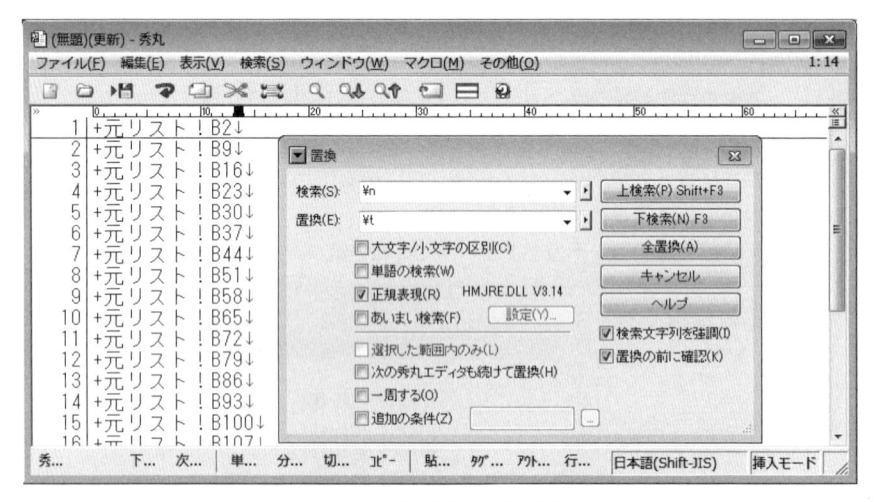

図 2-33　改行をタブへ変換

図 2-34　区切り文字がタブになった

図 2-35　図 2-33 の参照式を貼り付ける

図 2-36　1 行目を選択して，7 行目までドラッグしコピー＆ペースト

2.3　関数の使用法

　まず，「関数は数学の授業で習った覚えはあるが，わからなかった」という人のために，例をあげて，おおまかな説明をします。

　コーヒーメーカーは，水とコーヒー豆を入れると，コーヒーができます。ミキサーに，バナナと牛乳と砂糖を入れると，バナナジュースができます。この，コーヒーメーカーやミキサーにあたるのが，**関数**と考えてください。"材料を入れると，目的とするものが作れる道具"と考えればよいでしょう。

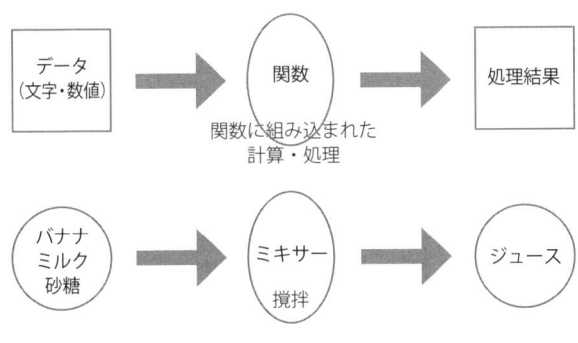

図 2-37　関数の概念

関数はエクセルの中の道具なので，入れる材料は数字や文字です。それを計算したり，成形したりして，その結果を示します。また，特定のデータを探したり，複雑な計算をして結果を出すものもあります。さらに，条件を判断するものは，条件に合致した場合は「真」あるいは「TRUE」，合致しない場合は「偽」あるいは「FALSE」を返します。

関数の説明では，「〜を与える・渡す」という表現があります。これは，関数の式の中に，"加工する材料"を書き込むことです。「〜を返す」は，加工し終わった結果を表示／出力するという意味で使われます。覚えておきましょう。

関数はさまざまな機能を持っていますが，単独では，何のために使うのか理解しがたいものもあります。人間は，いくつかの関数を組み合わせたものをはじめて，1つの手順と認識できます。逆に，その手順をコンピュータに実行させるには，手順を細分化し，関数やプログラミング言語で表現しなくてはなりません。

ここで説明する関数は，エクセルのワークシートで用いるものです。VBAや他のプログラミング言語にも関数はあります。同じ名前の関数でも，ソフトウエアや使うプログラミング言語によって，表現や機能が異なるので注意してください。

次から，機能別に，エクセルのワークシート関数の用法を整理します。

2.3.1 調べる

```
<長さ（文字数）を調べる>
 =LEN (文字列)
    文字列の文字数を返す。半角文字と全角文字の区別はされない。
```

英語で長さを表す length を短縮した関数名です。「=LEN("abcde")」とセルに入力すると，「abcde」の長さ（文字列の文字数）である「5」を返します。

図 2-38 では，A 列にあるカタカナとアルファベットの長さを，B 列に表示させています。

図 2-38　LEN 関数

> **＜文字種（文字コード）を調べる＞**
> =CODE（文字列）
> 　文字列の先頭文字に対応する ASCII または JIS コードを返す。

「=CODE("山")」とセルに入力すると，「山」の文字コードである「15155」を返します。

コンピュータでは，文字をコード番号で処理しています。コード番号は，英数字，ひらがな，カタカナなどが，番号の範囲ごとに，割り付けられています。したがって，ある文字のコードがわかれば，文字種も判断できます。かな漢字変換ソフトのコード表を参照すると，どのように文字が割り当てられているかを，知ることができます。

図 2-39 の文字コード表は，Microsoft Office の IME のものです。

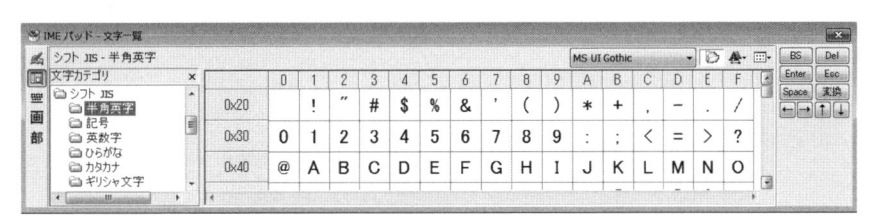

図 2-39　文字コード表

また，Windows のスタートボタン→「すべてのプログラム」→「アクセサリ」→「システムツール」→「文字コード表」とたどると，図 2-40 のような表を参照することができます。

図 2-40　文字コード表（Windows）

＜文字コードに割り当てられた文字を調べる＞
=CHAR（数値）
　指定した数値を ASCII または JIS コードの番号と見なし，それに対応する文字を返す。

英語で，文字を表す character を短縮した関数名です。「=CHAR(97)」とセルに入力すると，文字コードの 97 に対応する文字「a」を返します。0 ～ 32 までのコードは文字表示に使われていないので表示されません。

図 2-41 では，A 列の数値に対する文字を B 列に表示させています。

図 2-41　CHAR 関数

第 2 章　エクセルの操作と関数の使用法　127

> ＜出現数を調べる＞
> =COUNTA（範囲）　　文字や数値，式などのデータが入力されているセルを数える。
> =COUNTBLANK（範囲）　　空白のセルを数える。
> =COUNTIF（範囲，検索条件）　　検索条件に合うセルを数える。

これは 3 種類あります。英語で count は「数える」，blank は「空白」，if は「もし〜ならば」という意味なので，これらの関数名になっています。

「=COUNTIF(F6:L11,M6)」のように用いて，F6：L11 の範囲内から M6 セル内の値を探し，その数を数えます。あるセル範囲内でデータを計数するときに使います。

図 2-42 では，各行 A 〜 J 列のデータ内をそれぞれの関数で数えています。

1 行目のセル K1 では，「=COUNTA(A1:J1)」としているので，A1 から J1 のデータの入っているセルの数である「7」が表示されます。

2 行目のセル K2 では，「=COUNTBLANK(A2:J2)」としているので，空白のセルの数である「3」が表示されます。

3 行目のセル K3 では，「=COUNTIF(A3:J3,"<7")」としているので，7 よりも小さい値を含むセル，ここでは A3 と B3 を計数して，「2」が表示されます。4 行目では，「=COUNTIF(A4:J4,">5")」としているので，5 よりも大きい値を含むセルの数を数えて「4」が表示されます。3，4 行目の COUNTIF では，条件に数値を指定していますので，いずれの場合も文字である「A」は除外されています。

図 2-42　3 種類の COUNT 関数

> **＜文字列の比較＞**
> ＝EXACT（文字列1，文字列2）
>   文字列を比較する。

exact は「正確な」という意味です。正確に同じかどうかを調べる関数です。「=EXACT("a","a")」とセルに入力すると「TRUE」，「=EXACT("a","A")」では「FALSE」と返します。

EXACT 関数では，アルファベットの大文字と小文字は区別されます。文頭や固有名詞など，大文字・小文字を区別して比較する場合に使います。

大文字・小文字の区別をしない場合は，「=IF（文字列1=文字列2,"等値","異値"）」のように，「IF()」と「=」を用いて比較します。「IF（文字列1=文字列2）」が比較部分です。セル C2 に「=IF(A2=B2,"等値","異値")」と入力し，A2，B2 に同じ値や異なる値を入れて試してみると，等値，異値と表示されます（図 2-43）。ここでは，A，B 列に比較する文字を，（見ただけでは文字種がわかりにくいので）E，F 列に A，B 列に入っている文字の種類を入力しています。C 列に IF 関数で比較した結果を，D 列に EXACT 関数で比較した結果を示しています。見るとわかるように，IF 関数では，全角・半角ともに，それぞれ大文字・小文字の区別はされていません。IF 関数も EXACT 関数も，全角と半角の区別はしています。この特性を生かして利用します。第 1 章の 1.2「穴埋め問題（ドリル付き）」では，採点する際に，IF 関数と「=」を用いて，正解のセルと解答のセルを比較しています。

	A	B	C	D	E	F
1	対象1	対象2	IF()	EXACT()	文字種	
2	A	A	等値	等値	半角大文字A	半角大文字A
3	A	a	等値	異値	半角大文字A	半角小文字a
4	A	B	異値	異値	半角大文字A	半角大文字B
5	A	Ａ	異値	異値	半角大文字A	全角大文字Ａ
6	A	ａ	異値	異値	半角大文字A	全角小文字ａ
7	A	a	等値	異値	全角大文字Ａ	全角小文字ａ
8	C2の数式→	=IF(A2=B2,"等値","異値")				
9	D2の数式→	=IF(EXACT(A2,B2),"等値","異値")				

図 2-43　IF() と EXACT() を用いた文字の比較

2.3.2 探す

> **＜文字列内の検索①＞**
> ＝SEARCH（検索文字列，対象文字列，開始位置）
> 　検索文字列が，対象文字列の開始位置から何番目にあるかを返す。アルファベットの大文字・小文字は区別できないが，ワイルドカード文字を使用できる。

　search は「探す」という意味なので，この関数名が付けられています。「=SEARCH("c","abcde",1)」とセルに入力すると，「c」が「abcde」という文字列のどこにあるかを数値で返します。「c」は「abcde」の前から 3 番目にあるので，「3」を表示します。

　「=SEARCH("C","abcde",1)」と大文字で検索しても，同じ結果になります。開始位置を「4」や「5」とすると，4 文字目以降に「c」はないのでエラーになります。

　図 2-44 の 1 行目のセル C1 では，セル A1 に入力されている「abcedefghijk」の中から，B1 にある「a」の文字を探して，位置を表示しています。2〜5 行目でも，それぞれ B 列の文字を探して，位置を表示しています。

	A	B	C	D
1	abcdefghijk	a	1	←C1の数式は=SEARCH(B1,A1,1)
2	abcdefghijk	b	2	A1のセルの値からB1の値の位置を返す
3	abcdefghijk	c	3	
4	abcdefghijk	d	4	
5	abcdefghijk	e	5	

図 2-44　検索文字列が，対象文字列の開始位置から何番目にあるかを返す

　この関数に使用できる「ワイルドカード文字」とは，検索や置換などの際，特別の機能を与えられた，半角疑問符「?」，アスタリスク「*」，チルダ「~」を指します。SEARCH 関数では，検索文字列内に疑問符「?」を使用すると任意の 1 文字に，アスタリスク「*」を使用すると任意の文字列として，認識さ

れます。たとえば,「最?」は「最新」,「最後」,「最終」などに,「*ing」は「ping」,「sing」,「fishing」などに相当するものとして,検索されます。

第1章の1.3「英文難易度分析」では,英文中のスペースの位置を探すために,「SEARCH(" ",N2))」という形で使用しています。N2に入力されている英文中のスペース(" ")を探し,その位置を数値で返しています。

> ＜文字列内の検索②＞
> =FIND(検索文字列, 対象文字列, 開始位置)
>   検索文字列が,対象文字列の開始位置から何番目にあるかを返す。アルファベットの大文字・小文字は区別できるが,ワイルドカード文字を使用することができない。

findは「見つける」という意味で,SEARCH関数と類似の関数です。図2-45のセルC2には,「=FIND("c","abcde",1)」と入力されています。「c」は「abcde」の3番目に位置するので,「3」が返されています。

FIND関数は大文字・小文字を区別します。セルC3には数式「=FIND("C","abcde",1)」が入っています。しかし,検索文字列の「abcde」には,大文字の「C」がないのでエラーになります。4行目のセルC4では,「C」を検索文字列に加えているので,その位置「6」が返されています。

	A	B	C
1	検索文字列	対象	=FIND(検索文字列,対象,開始位置)
2	abcde	c	3
3	abcde	C	#VALUE!
4	abcdeC	C	6

図2-45　FIND関数で検索する

> **＜データベース内の検索＞**
> =VLOOKUP(検索値, 検索対象範囲, 列位置, 検索の型)
> 　検索対象範囲の左端列を検索して指定列位置の値を返す。ただし，検索対象範囲の左端列をキーとして，昇順に並べ替えておく必要がある。

　look up は「検索する」という意味で，V は vertical（縦の）の V です。表を縦に検索する関数です。検索対象範囲の左端の列内を検索し，検索値が見つかった行の，指定列に入力されている値を返します。「検索の型」に指定する値により作動が変わります。

　「検索の型」は，検索データが検索対象範囲の左端列で見つからなかった場合の表示について設定します。「FALSE」と指定すると，データが見つからなかった場合，VLOOKUP 関数はエラーを返します。「TRUE」または「省略」を指定すると，データが見つからなかった場合，その検索値を超えない最大値を返します。目的に応じて「検索の型」を指定します。文字列を検索する場合は「FALSE」を用いるようにします。

　図 2-46 では，A2：B15 の範囲にリストが設定されています。内容は，英単語とその日本語訳です。D，E 列に検索を行う部分を設定してあります。D 列にはセル D2 から検索対象になるデータを入力します。E 列には，セル E2 から VLOOKUP 関数を使った数式を入力しています。検索対象のセルに英単語を入力すると，日本語訳が検索され，表示されているのがわかります。

　第 1 章の 1.1「授業予定表」では，休日データを検索し，表示するために使用しています。たとえば，「VLOOKUP(A30,休日設定!＄A＄1:＄B＄100,2,FALSE)」として，セル A30 の日付を休日設定のシートの指定範囲から探しています。見つかったら，同じ行にある 2 列目の値（休日の名称）を返します。検索の型を「FALSE」としているので，検索値と完全に一致するデータを取得できます。一致するものがなければエラーを返すので，エラー処理は必要になります。

	A	B	C	D	E
1	英語	日本語		検索対象	=VLOOKUP(検索値,範囲,列位置,検索の型)
2	aluminum	アルミニウム		cost	費用がかかる,費用,経費,
3	contain	包含する,含む,もつ		metal	金属,
4	container	容器,コンテナ,入れ物			#N/A
5	cost	費用がかかる,費用,経費,			#N/A
6	environment	周囲の状況,環境,自然環境			#N/A
7	environmental	環境の,周囲の,外界の			#N/A
8	heavy	重い,重さのある,大きい,			#N/A
9	institute	1.会,学会,研究所,			#N/A
10	metal	金属,			#N/A
11	organization	組織化,組織,生物,団体			#N/A
12	oxide	酸化物			#N/A
13	private	一個人の,私有の,個人的な,			#N/A
14	produce	生産する,			#N/A
15	substance	物質,実質			#N/A
16					数式は→=VLOOKUP(D2,A2:B14,2,FALSE)
17					

図 2-46　VLOOKUP 関数

2.3.3　置き換える

```
＜文字列の置換①＞
=SUBSTITUTE(文字列, 検索文字列, 置換文字列, 置換対象)
  文字列中から検索文字列を探し，置換文字列に置き換える。
```

　たとえば，セルに「=SUBSTITUTE("abcde efg hij"," ","",1)」と入力すると，「abcdeefg hij」を返します。「abcde efg hij」の中の「" "」（スペース）を探し，それを「""」（スペースなし）に置換しています。4つ目の引数の「置換対象」は「1」としているので，1番はじめのスペースのみが取り除かれ，「hij」の前の2番目のスペースは残っています。「置換対象」を指定しないと，「abcdeefghij」とすべてのスペースが取り除かれます。

　図 2-47 の，それぞれの置換対象とその結果を見ると，2行目から4行目はスペースが取り除かれ，5行目は「c」が取り除かれています。2行目では，置換対象に「1」が設定されているので，1つ目のスペースが取り除かれています。3行目では，置換対象は「2」なので，2つ目のスペースが取り除かれています。4行目では，置換対象を指定していないので，すべてのスペースが取り除かれています。

第 2 章 エクセルの操作と関数の使用法

	A	B	C	D	E
1	文字列	検索文字列	置換文字列	置換対象	=SUBSTITUTE(文字列,検索文字列,置換文字列,置換対象)
2	abcde efg hij	" "	""	1	abcdeefg hij
3	abcde efg hij	" "	""	2	abcde efghij
4	abcde efg hij	" "	""		abcdeefghij
5	abcde efg hij	c	""	1	abde efg hij

図 2-47　SUBSTITUTE 関数

＜文字列の置換②＞
=REPLACE(文字列，開始位置，文字数，置換文字列)
　文字列中の指定された位置から，指定された文字数の文字列を，別の文字列に置き換える。

たとえば，セルに「=REPLACE("Good morning",6,LEN("Good morning")-5,"afternoon")」と入力すると，「Good afternoon」と返します。この関数は，文字列を検索して置き換えるのではありません。開始位置と文字数を指定して，ある文字列に置き換えるものです。定型文などの置き換えに使います。

SEARCH 関数とは異なり，あらかじめ，他の関数などを用いて，開始位置や文字数を得ておきます。定数として入力することもあります。

第 1 章の 1.2「穴埋め問題（ドリル付き）」では，問題となる単語の欄（スペース）を，どれも同じ長さにする際に使用しています。

＜スペースの削除＞
=TRIM(文字列)
　文字列からスペースを取り除く（単語間のスペースは 1 つ残し，文字列内・文字列前後のスペースを取り除く）。

たとえば，セルに「=TRIM("　Wide swaths of　 the Pacific coastline　")」と入力すると，「Wide swaths of the Pacific coastline」と返します。文字列内の単語間のスペースは 1 つ残し，文字列内・文字列前後のスペースが取り除かれます。スペースは，半角スペースのみを処理します。全角スペースは処理さ

れません。事前に，全角スペースは半角スペースに置換しておくとよいでしょう。

整理されていない英文など，不定数のスペースがあると，処理が均一にできません。あらかじめ，データの形式を整えるのに使います。

2.3.4　つなげる

> ＜文字列の結合＞
> =CONCATENATE（文字列 1，文字列 2…，文字列 30）
> 　文字列をつなげる。30 個までの文字列を結合できる。
> &
> 　文字列をつなげる（数値や数式は「＋」で加算するが，文字列は「&」でつなげる）。225 個までの文字列を結合できる。

たとえば，セルに「=CONCATENATE("Good"," ","morning")」と入力すると，「Good morning」と返します。「="Good"&" "&"morning"」と入力しても同じです。文字列を扱うときに，必ず必要となる関数です。

2.3.5　繰り返す

> ＜繰り返す＞
> =REPT（文字列，繰り返し回数）
> 　文字列を指定回数，繰り返し表示する。

たとえば，セルに「=REPT("_",10)」と入力すると，下線（アンダースコア）を 10 個つなげたものを返します。穴埋め問題の問題部分を作成するときなどに使います。

図 2-48 では，セル A1 に問題となる文字列が入っています。セル B1 に「="("&REPT("_",LEN(A1))&")"」と入力して，A1 の文字数分の下線を生成し，それを括弧で括って表示しています。

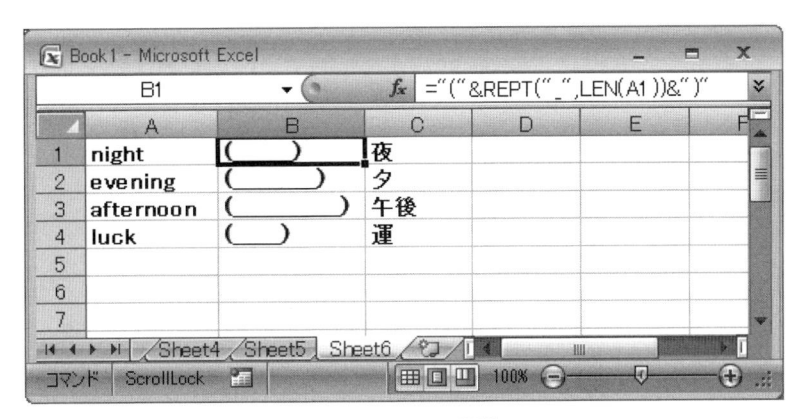

第 2 章　エクセルの操作と関数の使用法　　135

図 2-48　REPT 関数

2.3.6　切り出す（取り出す）

> ＜文字列から文字を切り出す（取り出す）＞
> =RIGHT（文字列，文字数）　　文字列の右端から指定文字数を切り出す。
> =LEFT（文字列，文字数）　　文字列の左端から指定文字数を切り出す。
> =MID(文字列，開始位置，文字数)　　文字列の指定した位置から指定
> 　　　　　　　　　　　　　　　　　文字数を切り出す。

たとえば，セルに「=RIGHT("左中右",1)」と入力すると，「左中右」の右端の 1 文字である「右」が表示されます。同様に，「=LEFT("左中右",1)」と入力すると，左端の「左」が表示されます。

MID 関数は，切り出し開始位置を指定しなければなりません。文字列「左中右」の真ん中にある「中」を取り出す場合は，開始位置を「2」，文字数を「1」として，「=MID("左中右",2,1)」という式を使います。

第 1 章の 1.3「英文難易度分析」のシートでは，スペースの位置に基づいて，単語を切り出すために用いています。

	A	B	C
1	文字列	切り出された文字列	数式
2	Excel is excellent.	.	=RIGHT(A2,1)
3	Excel is excellent.	Excel is excellent	=LEFT(A3,LEN(A3)-1)
4	Excel is excellent.	is	=MID(A4,7,2)

図 2-49　文字を切り出す

図 2-49 では，A 列の文字列から，この 3 つの関数を用いて，部分文字列を切り出す例を示しています。B 列は切り出された文字列，C 列は数式を示しています。

2 行目では，RIGHT 関数を用いて「.」（ピリオド）を取り出しています。3 行目では，LEFT 関数を用いて，ピリオドを取り除いた文を取り出しています。4 行目では，開始位置「7」（スペースも含む）から，2 文字を取り出しています。

2.3.7　変換する

```
＜変換する①＞
 (1) 全角／半角
      =ASC (文字列)
        全角の文字列（英数字，カタカナ）を半角の文字列に変換する。
      =JIS (文字列)
        半角の文字列（英数字，カタカナ）を全角の文字列に変換する。
          （注）ひらがな，漢字は全角文字なので，半角文字には変換されない。
 (2) アルファベットの大文字／小文字
      =UPPER (文字列)    小文字を大文字に変換する。
      =LOWER (文字列)    大文字を小文字に変換する。
      =PROPER (文字列)   1 文字目を大文字に，2 文字目以降を小文字に
                         変換する。
        （注）カタカナ，ひらがな，漢字は，大文字／小文字の区別がないので，
              入力しても何も変化しない。
```

たとえば，セルに「=ASC("AaBbCc　Ａａ Ｂｂ Ｃｃ")」と入力すると，「AaBbCc AaBbCc」とすべて半角になります。また，「=UPPER("AaBbCc AaBbCc")」と入力すると，「AABBCC AABBCC」とすべて大文字になります。

英語で，大文字を upper case，小文字を lower case，固有名詞を proper noun（英語では固有名詞は大文字ではじまる）ということに基づいた関数名です。

図2-50では，A列の文字列を，ASC関数（B列）とJIS関数（C列）で処理した結果を示しています。

ASC関数を使用しても，漢字のように半角文字のないものは半角に変換されず（セルB4，B5），もとのままであることがわかります。JIS関数では，"（"のような記号類も，全角文字に変換されます。

	A	B	C
1	文字列	=ASC(文字列)	=JIS(文字列)
2	**ABCabc(ﾊﾝｶｸ)**	ABCabc(ﾊﾝｶｸ)	ＡＢＣａｂｃ(ハンカク)
3	ＡＢＣａｂｃ(ゼンカク)	ABCabc(ｾﾞﾝｶｸ)	ＡＢＣａｂｃ(ゼンカク)
4	**ABCabc(半角)**	ABCabc(半角)	ＡＢＣａｂｃ(半角)
5	ＡＢＣａｂｃ(全角)	ABCabc(全角)	ＡＢＣａｂｃ(全角)
6			

図2-50　文字種の変換

＜変換する②＞
　TEXT（数値，表示形式）
　　数値を，表示形式に沿って書式設定した文字列に変換する。

帳票などの体裁を整えたり，日付などの表示形式を整える場合に用います。本書のシートでは使用していません。

> <行・列を入れ替える>
> =TRANSPOSE（配列）
> 　縦方向のセル範囲を横方向に，横方向のセル範囲を縦方向に変換する．

TRANSPOSE 関数は扱いにくいので，注意が必要です．

図 2-51，図 2-52 を見てください．図 2-51 の A1：C7 の 7 行 3 列の範囲の表から，行・列を入れ替えて，A10：G12 の範囲に，3 行 7 列の表を作成しています．手順は次の通りです．

変換先の A10：G12 のセル範囲を選択して，数式バーに「=TRANSPOSE(A1:C7)」と入力します．**Ctrl + Shift + Enter** を押して，確定します．範囲内に式が入力され，変換された表が現れます（図 2-52）．この関数は，第 1 章の 1.5「エクセルを使った採点」で，問題順のデータを学習者順に変換する際に使っています．

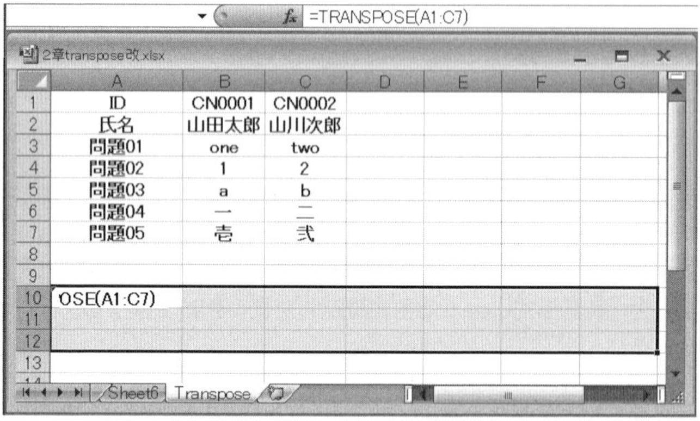

図 2-51　TRANSPOSE 関数

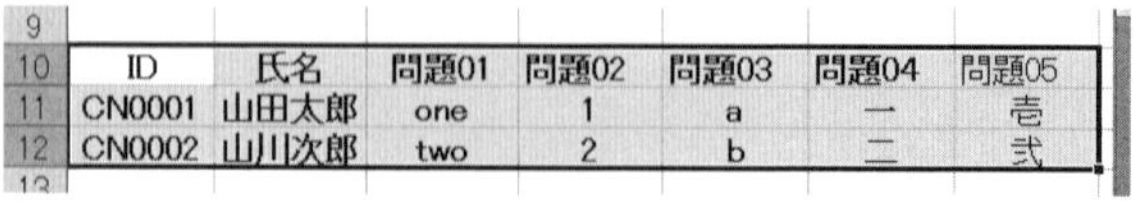

図 2-52　変換後

2.3.8 書式を変更する

特定の条件にあてはまるセルの書式を自動的に変更するには，関数ではなく「条件付き書式」を使います。

> ＜条件付き書式の設定手順＞
> 　条件付き書式を設定するセル範囲を選択し，「ホーム」タブの「スタイル」グループの「条件付き書式」で設定する。

Excel 2007 以降，既成の書式が数多く利用できます。また，メニューの表記もバージョンによって若干異なりますが，大幅には変更されていません。自前のものが必要なときは，「新しいルール」を選択し，作成します。詳しい手順は"ヘルプ"を参照ください。図 2-53，図 2-54 では，「新しいルール」を選び，「次の値に等しい」場合の条件部分を設定しているところです。

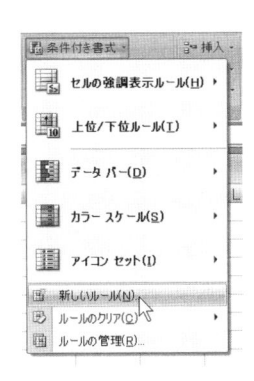

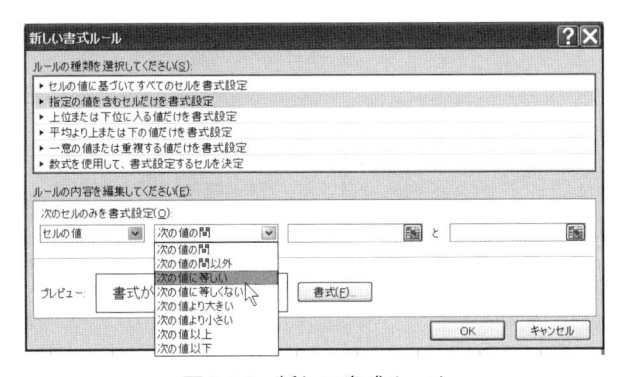

図 2-53　条件付き書式　　　　図 2-54　新しい書式ルール

2.3.9 条件によってデータを操作する

<条件によってデータを操作する>
=IF(条件式，値1，値2)
　条件式（AND，OR，NOTを含む）が，真（正しい）の場合は値1を表示し，偽（正しくない）の場合は値2を表示する。IFを入れ子にして複雑な条件判断をすることもできる。
=IF(条件式（たとえばA1=1），値1，値2)
　条件式が真の場合は値1を返し，そうでない場合は値2を返す。
AND()
　=IF(AND(条件1，条件2…)，値1，値2)
　　条件1，条件2…がすべて真の場合，値1を返し，そうでない場合は値2を返す。
OR()
　=IF(OR(条件1，条件2…)，値1，値2)
　　条件1，条件2…のいずれかが真の場合，値1を返し，そうでない場合は値2を返す。
NOT()
　=IF(NOT(条件)，値1，値2)
　　NOTは条件が真であれば偽を返す（真偽を反転する）ので，条件が偽の場合は値1を，真の場合は値2を返す。「～でなければ」という表現で表すと，「～」の部分が条件となる。

IF関数の内部で，AND()，OR()，NOT()を使って，条件を操作できます。

図2-55では，セルC2に表示されている単一条件の式がセルC3，C4に，セルC6に表示されているAND()を用いた式がセルC7～C10に入力されています。同様に，セルC12のOR()を用いた式がセルC13～C16に，セルC18のNOT()を用いた式がセルC19～C21に入力されています。**参照は相対変化しています。**

結果を見ると，AND()は，2条件（3条件以上の場合もある）がそろった場合を判断することがわかります。OR()は，どれか1つの条件が満たされ

第 2 章　エクセルの操作と関数の使用法　　141

	A	B	C
1	単一条件		
2	条件		=IF(A3=1,"値1(真の場合返す値)","値2(偽の場合返す値)")
3	1		値1(真の場合返す値)
4	5		値2(偽の場合返す値)
5	AND()		
6	条件1	条件2	=IF(AND(A7=1、B7=1),"値1(真の場合返す値)","値2(偽の場合返す値)")
7	1	1	値1(真の場合返す値)
8	1		値2(偽の場合返す値)
9		1	値2(偽の場合返す値)
10	0	0	値2(偽の場合返す値)
11	OR()		
12	条件1	条件2	=IF(OR(A13=1,B13=1),"値1(真の場合返す値)","値2(偽の場合返す値)")
13	1	1	値1(真の場合返す値)
14	1		値1(真の場合返す値)
15		1	値1(真の場合返す値)
16	0	0	値2(偽の場合返す値)
17	NOT()		
18	条件		=IF(NOT(A19=1+),"値1(真の場合返す値)","値2(偽の場合返す値)")
19	1		値1(真の場合返す値)
20			値1(真の場合返す値)
21	0		値1(真の場合返す値)
22			

図 2-55　AND()，OR()，NOT()

たか否かを判断します。NOT() は，ある条件が満たされない場合を判断します。

IF 関数と一緒によく使う関数に，「=ISERROR(テストの対象)」があります。テストの対象が任意のエラー値になるとき，「TRUE（真）」を返すものです。

たとえば，第 1 章の 1.3「英文難易度分析」のシートでは，文字列中のスペースを探す数式に，「=IF(ISERROR(SEARCH(" ",N2)),"",SEARCH(" ",N2))」のように使い，SEARCH 関数がエラーを返した場合に，スペースを表示させています。

ISERROR 関数は，エラーが出て表が見苦しくなるのを防ぐために，よく用います。

2.3.10　日付，曜日を扱う

エクセルでは，日付や曜日を「シリアル値」で表して，管理しています。セルでの表示は，さまざまな形になっていても，エクセル内部ではすべてシリア

> ＜日付，曜日を扱う＞
> ＝DATEVALUE（日付文字列）
> 　日付を表す文字列をシリアル値に変換する。
> ＝WEEKDAY（シリアル値，種類）
> 　シリアル値を，曜日に対応する数値に変更する。
> ＝DATESTRING（日付のシリアル値）
> 　日付の表示を和暦に変換する。

ル値で保存・処理されています。シリアル値は 1900 年 1 月 1 日の 0 時を起点に，1 日を 1 として計算します。

　DATEVALUE 関数や WEEKDAY 関数の引数にいろいろなものを入力して，結果を確かめてみてください。WEEKDAY 関数では，「種類」の数値を変えると，曜日に対応する数値が変わります。

　DATESTRING 関数で，たとえば，任意のセルに「＝DATESTRING（A1）」と入力して，セル A1 に「2010/4/1」を入力すると，「平成 22 年 04 月 01 日」と返します。

第 3 章
マクロ・VBA の利用法

　本章では，まず，3.1「マクロの操作法」で，マクロを扱うために「開発」タブを表示させます。次に，「開発」タブにある「マクロの記録」を使って，マクロを記録する方法を学びます。さらに，マクロのプログラムコードを確認したり，編集や実行ができるように，VB エディタの使用法を身に付けます。

　3.2「ワークシートとマクロ（VBA）の関係」では，エクセルのワークシートとその操作を，どのような形でマクロと結び付けるかを考えます。

　3.3「マクロプログラム作成の基本」では，マクロ記録を利用したマクロプログラムの作成方法とプログラム制御構造の基本（これはどのようなプログラム言語でも同じ）を身に付けます。

　最後に，3.4「簡単なマクロプログラムの作成」では，初歩的なマクロプログラムを作り，プログラム作成の手順を概観します。

　説明の中でよく使うので，読み進める前に，次の用語の意味を確認しておいてください。

> マクロ：一連の操作を，プログラム言語を用いて記録し，自動的に実行させる機能のこと。その一連の操作は，一定の方法で起動し利用できる。一種のコンピュータプログラム。
> VBA：Microsoft Office の多くのアプリケーションに装備されているプログラム言語。Visual Basic for Applications の略。
> プログラム：コンピュータに，ある目的を実行させるための命令を記述したもの。通常はプログラム言語で記述される。
> コード（プログラムコード）：プログラムの記述。
> ルーチン：コンピュータに特定の目的を実行させるためのプログラムの集合体。

3.1 マクロの操作法

まず，VBA を扱うために，エクセルの「開発」タブを表示します。次に，「開発」タブに備わっている機能について学びます。

3.1.1 「開発タブ」の表示

マクロを利用したり，VBA でプログラミングを行う際の環境を準備します。

> ＜ Excel 2007 ＞
> Office ボタン →「Excel のオプション」→「基本設定」→「Excel の使用に関する基本オプション」→「［開発］タブをリボンに表示する」にチェック →「OK」をクリック（図 3-1）
> 　（注）「Excel のオプション」ボタンは Office ボタンをクリックして開く画面の下辺にある。
> ＜ Excel 2010，2013 ＞
> 「ファイル」→「オプション」→「リボンのユーザー設定」右側のボックス内の「開発」のチェックボックスにチェック→「OK」をクリック

マクロを操作するには，「開発」タブに表示される「Visual Basic」（Visual Basic Editor のこと。以下，VB エディタと表記）や，「マクロの記録」などを

使います。初期設定では,「開発」タブは表示されていません。前述の設定を行うと「開発」タブが表示され,そこにあるプログラミングの"道具"を利用できるようになります。

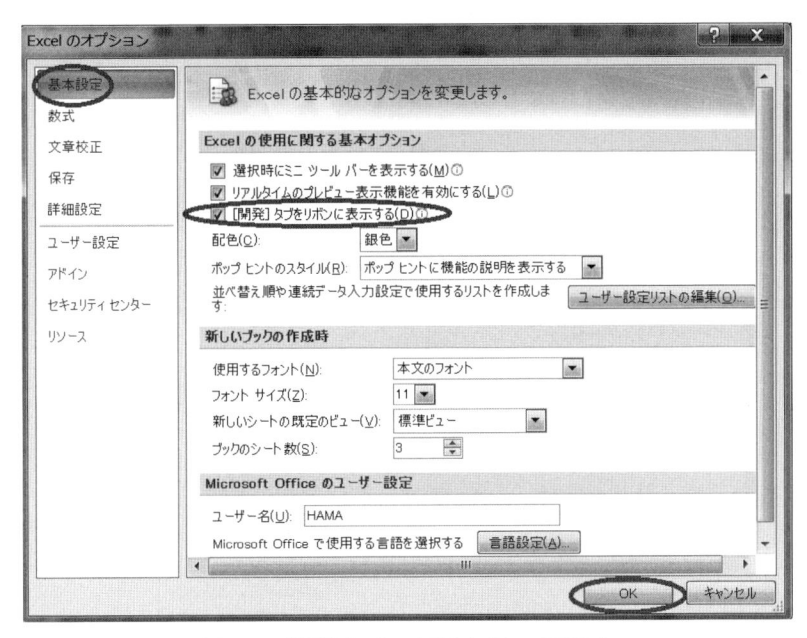

図 3-1 「開発タブ」の表示(Excel 2007)

3.1.2 マクロの有効化

エクセルの初期設定では,マクロを含むファイルを開いたときは警告を表示して,すべてのマクロを無効にするようになっています。マクロが無効のままではマクロを操作できないので,次の手順で有効にします。

> マクロを含むファイルを開く→「セキュリティの警告」が表示される(図3-2)→「セキュリティの警告」の「オプション」をクリック→「Microsoft Office セキュリティオプション」ダイアログの「このコンテンツを有効にする」をチェック(図3-3)→「OK」をクリック

マクロが設定されていないブックでは，この表示はされません。また，Excel 2007以降は，マクロを含むシートを保存する際は「.xlsm」形式で保存します。したがって，ファイルの拡張子を見ればマクロが設定されているか否かがわかります。

図3-2　セキュリティの警告の表示

図3-3　コンテンツを有効にする

3.1.3　マクロの記録

操作手順をマクロに記録するには，次の手順をとります。

> **<マクロの記録>**
> 「開発」タブの「コード」グループにある「マクロの記録」をクリック（図3-4）→ 適当なマクロ名を付ける（図3-5）→「OK」をクリック → 記録が開始され「マクロの記録」ボタンが「記録終了」に変わる（図3-6）→ 記録したい操作を行う →「記録終了」をクリック

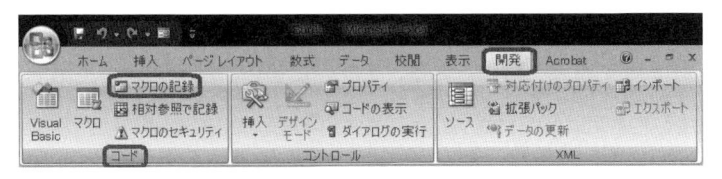

図3-4 「マクロの記録」ボタンをクリックし記録開始

図3-5 マクロ名を付ける

図3-6 ボタンが「記録終了」に変わる

3.1.4 マクロの確認／VBエディタの使用

記録したマクロや，既存のマクロのコードを見るには，次の手順をとります。

> **<マクロコードの確認>**
> 「開発タブ」の「コード」グループにある「Visual Basic」をクリック → VBエディタが表示される → プロジェクトエクスプローラ（左上のウインドウ）で適切なモジュールを選択 → オブジェクトボックスでオブジェクトを選択 → プロシージャボックスで名前を付けたマクロ名を探す → マクロ名をクリック → コードウインドウにコードが表示される

VBエディタを使って,「マクロの記録」で記録したコードを確認することができます。VBエディタは,マクロプログラムを作るときにも使います。操作画面の概要と基本的用法を把握しておきましょう。

(1) VBエディタの操作画面

VBエディタには,いくつかのウインドウがありますが,エクセルのファイルの概念とともに解説します。

ファイルには,いくつかの「プロジェクト」が含まれています。「プロジェクト」(project:事業・計画)とは,1つの仕事の単位です。

プロジェクトエクスプローラのウインドウには,シートやブック,標準モジュール(独立して識別可能なプログラム)が表示されます(図3-7)。

各「プロジェクト」の中には,「オブジェクト」(操作の対象)があります。この「オブジェクト」に対して,「コード」を設定することができます。

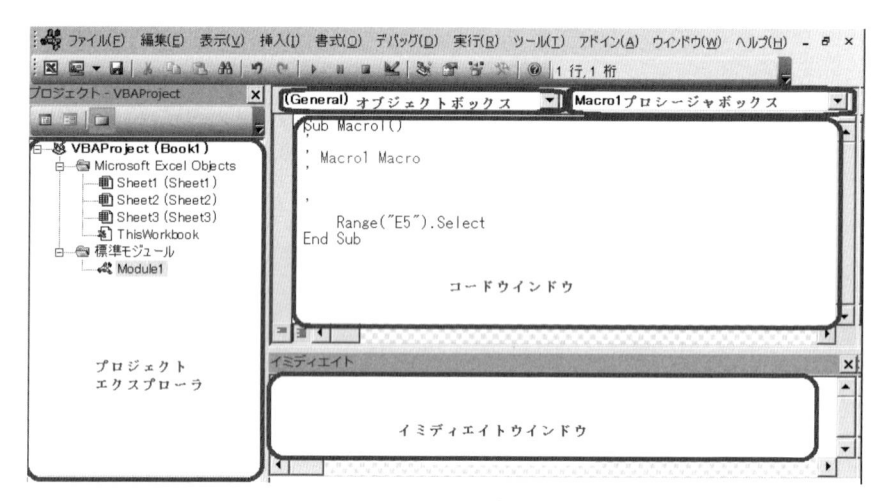

図3-7 VBエディタ

(2) マクロコードの確認

「コード」を確認したり編集するためには,プロジェクトエクスプローラでブック,シート,あるいはモジュールを選びます。さらに,オブジェクトボッ

クスの右端にある逆三角マークをクリックして，オブジェクト（object：操作の対象）を選びます，次に，プロシージャボックスの右端にある逆三角マークをクリックして，プロシージャ（procedure：手順，手続き）を選択します。すると，コードウインドウには，そのプロシージャ（コンピュータに指示するための「コード」（code：記号，符号））が表示されます。

(3) マクロコードの入力

　新しいコードを，Sheet1 に設定する手順を実行してみましょう。実際に VB エディタを立ち上げ，操作をしながら，読み進めてください。

　プロジェクトエクスプローラにある Sheet1 をダブルクリックします。オブジェクトボックスの右端にある逆三角マークをクリックすると，「(General)」と「Worksheet」の 2 つが見えます。Sheet1 のオブジェクトは，この 2 つということです。フォームなどのプロジェクトの場合は，もっと多くのオブジェクトが表示されます。

　オブジェクトボックスに「(General)」を表示させると，右側のプロシージャボックスに「(Declarations)」と表示されます。ここは，変数・定数などの宣言をする部分です。プログラミングでは，変数・定数はあらかじめ宣言しておいて使用するのが基本です。今回は何も記述しません。

　オブジェクトボックスに「Worksheet」を表示させると，右側のプロシージャボックスに「SelectionChange」と表示されます。同時に，コードウインドウには，「Private Sub Worksheet_SelectionChange（ByVal Target As Range）… End Sub」というサブプロシージャが現れます。この「Private Sub」から「End Sub」までの間に，コードを書いていきます。すると，そのコードは「SelectionChange」，すなわち選択範囲が変化したときに，実行されます。

　プロシージャボックスの右端にある逆三角マークをクリックしてプルダウンメニューを見ると，「Activate」からはじまるプロシージャのリストが表示されています。「Worksheet」には，ここにあるプロシージャが設定できるのです。これらは，プロシージャを起動するイベントを示しています。該当するイベントが発生したときに，当該のサブプロシージャの「Private Sub」から「End

Sub」の中に記述されたコードが実行されます。

3.1.5 マクロの実行

エクセルを起動した時点では，安全のためマクロが実行できないようになっています。ファイルを開いた時点でマクロを有効にする手順をとっていない場合は，マクロのセキュリティレベルを一時的に変更して，すべてのマクロを有効にします。

> ＜セキュリティ レベルの変更＞
> (1) 「開発」タブ の「コード」グループにある「マクロのセキュリティ」をクリック
> (2) 「セキュリティ センター」ダイアログの「マクロの設定」カテゴリ→「マクロの設定」→「すべてのマクロを有効にする（推奨しません。危険なコードが実行される可能性があります）」にチェック→「OK」をクリック
> 　　（注）マクロの使用が完了したら，「警告を表示してすべてのマクロを無効にする」にチェック（図3-8）して，設定をもとに戻しておく。

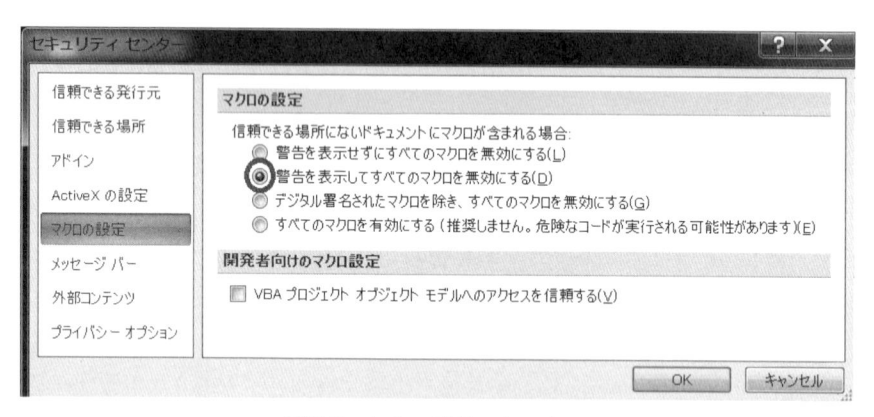

図3-8　セキュリティセンター

第 3 章　マクロ・VBA の利用法

マクロを実行するには，いくつかの方法があります。プログラムの開発中は，次のどちらかの方法をとります。完成した後は，キーにマクロを割り付けたり，ある操作が行われた（あるイベントが発生した）ときにマクロが起動するように設定して，使いやすくします。

- **マクロの実行①**（図 3-9，図 3-10）

> ＜マクロの実行①＞
> (1)　マクロを含むブックを開く
> (2)　「開発タブ」の「コード」グループにある「マクロ」をクリック
> (3)　「マクロ」ダイアログの「マクロ名」のマクロ名リストから，実行するマクロ名を選びクリック
> (4)　「実行」をクリック

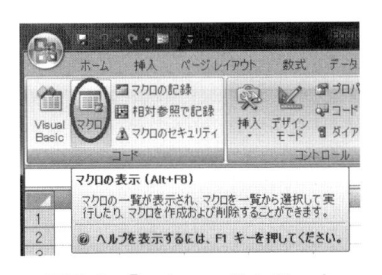

図 3-9　「マクロ」をクリック

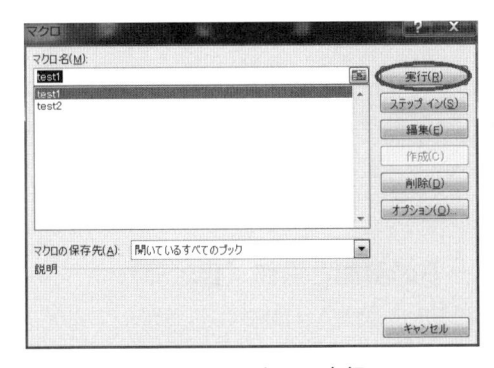

図 3-10　マクロの実行

- マクロの実行②(図3-11)

VBエディタから,プログラムコードを見て実行します。

> ＜マクロの実行②＞
> (1)「開発タブ」の「コード」グループにある「Visual Basic」をクリック
> (2) プロジェクトエクスプローラで目的のプロジェクトを選択 → オブジェクトボックスでオブジェクトを選択 → プロシージャボックスでプロシージャを選択 →「実行」をクリックし,プルダウンメニューから「Sub／ユーザーフォームの実行」をクリック

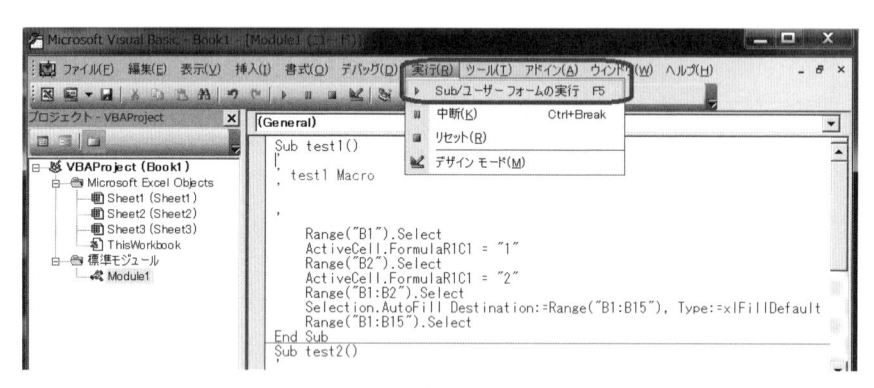

図3-11　VBエディタから実行する

3.2　ワークシートとマクロ(VBA)の関係

ここで,エクセルでマクロプログラムをどのように使っていくかを考えます。

エクセルでは,計算を行うセルの集まったものを通常,「シート」といいますが,正確には「ワークシート」といいます。ここでは,マクロとの関係を明確にするために,「ワークシート」という用語を使います。

3.2.1　ワークシートの機能と操作(表計算)

セルに数値を入れると,設定した数式にしたがって自動的に計算が行われ,その結果が表示されるのが,ワークシートの基本機能です。定式化した作業を

ワークシートに設定し，数値などデータを変えるだけで，結果を得ることができます。このような表計算プログラムは，簿記などの業務に役立つものとして開発されました。

　計算は自動で行われますが，ファイルの保存や読み出し，数値の入力など，また，メニューやボタンなどから選択して実行させる機能（ソート，グラフ作成など）は，ワークシートの使用者が行うのが基本です。

　しかし，定型的な操作を毎回繰り返すことを避けるために，キーやマウスの操作を記録する機能が，ワークシートに付け加えられました。これが，いわゆる「マクロ」です。当初，マクロで記録された操作は，一定の記号で表現されていました。記録された操作は，キーなどに割り付けて起動，実行することができ，また，編集することもできました。

3.2.2　VBAとは

　ある時点から，Microsoft Office では，マクロコードの統一を図るために，エクセルやワードなどのマクロを Visual Basic の体系を取り入れた VBA（Visual Basic for Application）を用いて，記録・表現するようになりました。Visual Basic の基本部分に，エクセルやワードを操作するコードを拡張したのです。

　旧来のエクセルのマクロは，エクセルの機能を実行するものが基本でした。VBA に移行してからは，Visual Basic の基本機能をも持つことになりました。Visual Basic は，汎用のプログラミング言語なので，エクセルにない独自の機能すら付加することができるようになりました。

3.2.3　VBAを適用する範囲

　エクセルは，ユーザーが操作しながらデータを効率よく処理できる，汎用のシステムです。マクロを多用して自動化することは，個別化，特殊化をすることになります。すなわち，ある特定の処理をするには効率的なのですが，用途が限られてしまうことになります。

　また，VBA を使えば，コンピュータで行うことのできる，ほとんどの機能を実現できると考えていいでしょう。しかし，エクセル本来の機能と大幅に異

なる機能を付け加えても，価値があるかどうかは疑問です。

エクセルが，自動計算を基本とする汎用の表計算システムであることを考えれば，マクロの適用は，ワークシートの自動計算に伴って行われる自動操作（ソートなど）にとどめておくのが妥当かと思われます。

3.2.4 トリガーとイベントドリブン

プログラムの機能を開始するための，きっかけとなる動きを，「トリガー」と呼びます。本来の意味は，ピストルなどの「引金」のことです。また，ある動きに伴って，プログラムの機能が発動されることを，「イベントドリブン」（イベント駆動）と呼びます。プログラムを自動化するための有効な機能です。

エクセルには，シートが開かれたとき，シート上の値が変化したときなど，さまざまなイベント（事象）が起こったときに，プログラムを起動させる"仕掛け"が備わっています。この自動起動（イベントドリブン）を利用すると，マクロを意識せずに使うことができます。この機能を生かして，エクセルの操作を自動化して，シートの自動計算と組み合わせることで，シートの使い勝手をよくすることができます。

3.3 マクロプログラム作成の基本

3.3.1 プログラムを作る理由

1回だけの操作なら，プログラムを作成する必要はありません。多くの同じ操作，たとえば，カンマを消去するために，マウスを1万回クリックするようなこと，また，その作業の中で，状況に応じて操作を変える必要がある場合などに，プログラムを作る価値があります。

3.3.2 シート作成とマクロプログラムの違い

シートに数式や関数を入力して，目的の結果を得るのが，エクセルの使用法です。数式や関数を入力しながら，同時にその処理結果を確かめて，処理手順を組み立てていきます。これもプログラムの作成です。プログラムといっても，この方法では，"手探り"で前へ進むことができるので，比較的わかりやすい

ものです。作成者は，プログラムの作成という意識はないでしょう。

　一方，マクロプログラムは，処理手順のみを記述します。また，途中の計算結果を目視しながら，処理手順を作ることはできません。マクロプログラムを動かして，処理結果の確認をすることはできますが，作成するときには，頭の中でデータ処理の流れを考えなければなりません。データ処理の手順をあらかじめ設計し，それを VBA で記述していくことになります。

3.3.3　プログラミングに必要なこと

　したがって，マクロプログラムを作成するためには，プログラムの作法を知ること，論理的な思考を身に付けることが必要になります。さらに，VBA 言語の命令語を憶え，コンピュータの作動を理解する必要もあります。プログラミングには熟練が必要です。

3.3.4　マクロプログラム作成手順

　マクロプログラム作成手順は，次のようになります。

＜マクロプログラム作成手順＞
(0)　マクロ（プログラム）化する "仕事そのもの" を分析し，手順を明らかにする。
(1)　必要な手順・操作を VBA コードで記述する。
(2)　プログラム構造の中にコードを展開し，全体を組み立てる。
(3)　できたプログラムの機能を検証する。

　まず，マクロ化の対象となる仕事の手順を分析し，整理します。一言で表すことのできる手順でも，プログラムコードにすると，数十から数百行になることもあります。コンピュータ言語を用いて，その手順を記述するには，手順を細分化する必要があります。

　次に，仕事の中のどの部分を，どのようにプログラム化するのかを決定します。プログラミングをしない方が効率的な手順もあります。プログラムの良否は，ここで決まります。

次の段階では，必要な操作をVBAコードで記述します。VBAを熟知していれば，直接コードを書き下ろすこともできます。VBA初心者の場合は，マクロ記録を利用し，操作のVBAコードを得ることもできます。

ただし，マクロ記録したコードには，キーやマウスでの誤操作や，不要なオプションの表示なども含まれることに注意します。余分なコードが入り込むと，プログラムの動きが予測できなくなることがあります。初心者の場合は，ここで得られたコードを，VBAのマニュアルや参考書を参照しながら，整理しましょう。さらに，マクロ記録では利用できないVBAの機能もあります。これらも，マニュアルや参考書を利用して身に付けます。

3.3.5　プログラムの制御構造

コンピュータプログラムの制御構造は，**順次実行，繰り返し，条件判断**の3つです。さらに，「イベントドリブン」の考え方（3.2.4参照）を知っておくとよいでしょう。

3.3.5.1　プログラムの実行

この3つのプログラムを実際に実行し，制御構造とはどのようなものかを理解してください。3つの構造の動きを，観察して理解しましょう。すべて同じ結果を生じるプログラムとなっています。コードと見比べてプログラムの動きを確かめてください。

コードを入力して実行する手順は，次の通りです。

＜コード入力と実行＞

(1) 「開発」タブの「コード」グループにある「マクロ」をクリック → 適当なマクロ名を付ける → 「作成」をクリック

(2) VBエディタが表示される → コードウインドウにコードを入力

(3) 「実行」をクリックし，プルダウンメニューから「Sub／ユーザーフォームの実行」をクリック

3.3.5.2　3つのプログラム制御構造

次の(1)～(3)の3例のマクロプログラムの処理結果は，いずれも同じになります。セルA1からA3に，それぞれ1，2，3と書き込まれます。

それぞれの制御構造の中に，

　　セルを選択　　　　　　　　　　Cells (R, C). Select
　　選択されたセルに値を書き込む　　ActiveCell.FormulaR1C1 =

の2つの操作を組み込んでいます。そして，制御構造を利用してセルの位置を変化させています。

プログラミングでは，このような制御構造に，さまざまなルーチンを組み込みます。さらに，制御構造を組み合わせてプログラムを作ります。

(1)　順次実行

記述されている命令を順番に実行します。順次，命令文を記述します。

```
Sub Macro1()                        サブプロシージャの開始
    Cells(1, 1).Select              セル +R1C1 (+A1) を選択
    ActiveCell.FormulaR1C1 = "1"    選択されたセルに1を代入
    Cells(2, 1).Select              セル +R2C1 (+A2) を選択
    ActiveCell.FormulaR1C1 = "2"    選択されたセルに2を代入
    Cells(3, 1).Select              セル +R3C1 (+A3) を選択
    ActiveCell.FormulaR1C1 = "3"    選択されたセルに3を代入
End Sub                             サブプロシージャの終了
```

(2)　繰り返し

決めた回数だけ，あるいは条件が満たされるまで，手順を繰り返します。「For To Next」や「Do Loop」，「Do While」を使います。

ここでは，「For I」の「I」の値，1を順次増加させながら，「To」の後ろに設定された値，3まで，「For」と「Next」の間に記述されたコードを実行します。

```
Sub Macro2 ()              サブプロシージャの開始
For I = 1 To 3             For ループの開始（I の値が 1 ～ 3 まで）
Cells (I, 1) . Select      セル +R1C1（+AI）を選択（I は 1 ～ 3）
ActiveCell.FormulaR1C1 = I 選択されたセルに I の値を代入
Next                       For ループの終端，For へ戻る
End Sub                    サブプロシージャの終了
```

(3) **条件判断**

　ある条件が満たされた場合に，別の手順へ分岐します。このことにより，実行する手順を切り替えることができます。「If」，「Then」，「Else」などを使って記述します。

　ここでは，「Do」と「Loop」の中に操作を組み込んでいます。「Do Loop」は繰り返しをする制御構造です。「Loop」を抜ける条件を付けないと，「Loop」が終了しないので，終了条件を与えるために「If」を使用しています。「Do Loop」で，セルの移動と値の代入を行っています。1 回まわるごとに「I」に 1 を加算し，「I」が 3 より大きくなったところでループを抜けています。「Exit Do」というのがループを抜ける指示です。

```
Sub Macro3 ()              サブプロシージャの開始
I = 1                      変数 I に 1 を代入（制御変数の初期化）
Do                         Do ループの開始
Cells (I, 1) . Select      セル +R1C1（+AI）を選択（I は 1 ～ 3）
ActiveCell.FormulaR1C1 = I 選択されたセルに I の値を代入
I = I + 1                  I に 1 を加算（回数のカウント）
If I > 3 Then Exit Do      I ＞ 3 なら Do ループを抜ける
Loop                       Do ループ開始点へ戻る
End Sub                    サブプロシージャの終了
```

3.4 簡単なマクロプログラムの作成

　実際に簡単なマクロを作成して，どのように作り上げるのかを体験してみましょう。簡単なマクロプログラムでは，コンピュータは壊れません。自分が必要としている機能を持つプログラムを作ってみてください。また，少しコードが読めるようになったら，インターネット上にあるプログラム例を参考にしてみてください。さらに，それを改造して利用することもできるでしょう。

　ここでは例として，フラッシュカードのマクロプログラムを，3.3.4 の手順に沿って作成します。

＜マクロプログラムの作成＞
シート名／マクロ名：フラッシュカード
プログラムの機能：シートに入力されている文字列を，順番に特定のセルに表示する。

　フラッシュカードとは，文字や絵をカードに書いておき，それを学習者に随時提示することで，学習を促す道具です。"紙"で作るのが基本ですが，個別学習を支援する道具として，コンピュータ上に作成することにも意味があります。

⑽　**マクロ（プログラム）化する"仕事そのもの"を分析し，手順を明らかにする。**

　フラッシュカードは，①カードに文字・絵をかき，②それを瞬間的またはある程度の時間提示する，③次のカードに進むという手順で，使用します。この手順を，エクセルではどのように進めたらよいのかを考えます。

　まず，カードが必要です。これは，セルを利用することができます。あるセルを拡大し，フォントも大きなサイズにし，表示に適したものにします。

①　文字・絵をかくのは，シート上に用意したリストから，順次，コピー＆ペーストすればよいでしょう。

② 瞬間的またはある程度の時間提示するには，文字列（またはイラスト画像）を上書きペーストすれば，カードが表示されたことになります。消去するには，スペースをペーストすればよいでしょう。
③ 次のカードに進むには，文字列リストを進め，コピー＆ペーストします。

(1) **必要な手順・操作を VBA コードで記述する。**

マクロを作成する前に，まず，シートを準備します（図 3-12）。セル範囲 A1：A26 に，提示するための文字列リストを作ります。今回は，アルファベット 26 文字としました。次に，フラッシュカードの提示部分になるセルを調整します。どこでもよいのですが，今回はセル D4 を使います。セルのサイズを適宜拡大し，フォントを見やすくするため，「Arial Black」とし，サイズは 24 ポイントとしました。枠線も設定します。

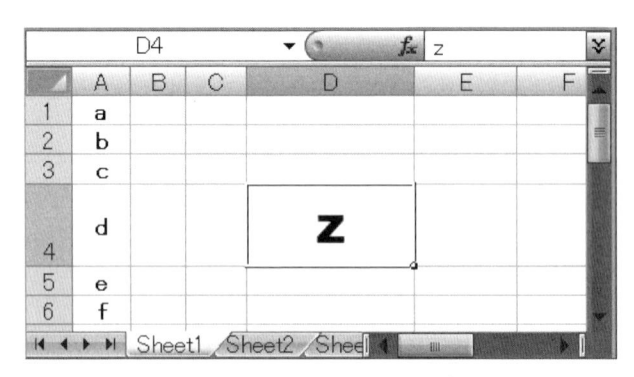

図 3-12　フラッシュカード

次に，文字列リストからセルに，文字列を順次コピー＆ペーストする操作を記述します。ここでは，「マクロの記録」を使って，この操作のコードを取得してみます。

① **手順の記録**

記録の始点として，フラッシュカードになるセル D4 を選択しておきます。「開発」タブの「コード」グループにある「マクロの記録」をクリックして，記録を開始します。文字データ「a」の入っているセル A1 を選

択し，マウスの「右クリック」メニューから「コピー」します。セル D4 を選択し，「右クリック」→「形式を選択して貼り付け」→「テキスト」を選び，「OK」をクリックします。セル A2 を選択し，同じ手順を繰り返し，「記録終了」をクリックします。ペーストする際に，「形式を選択して貼り付け」とするのは，セル D4 に設定してある書式を崩さないためです。

② 記録したコードの整理

次に示すのが，取得したコードです。筆者が付けた注釈を参考にして，プログラムコードを読んでみてください。ここでは，文字列リストの，セル A1 と A2 を処理しています。

```
'
' Sub Macro1
'
' Macro1 Macro
'
    Range ("A1").Select              A1 を選択
    Selection.Copy                   選択した部分をコピー
    Range ("D4").Select              D4 を選択
    Selection.PasteSpecial Paste:=xlPasteValues, Operation:=xlNone, SkipBlanks _
        :=False, Transpose:=False    選択した部分へ値をペースト
    Range ("A2").Select              A2 を選択（以下同様）
    Application.CutCopyMode = False
    Selection.Copy
    Range ("D4").Select
    Selection.PasteSpecial Paste:=xlPasteValues, Operation:=xlNone, SkipBlanks _
        :=False, Transpose:=False
End Sub
```

(2) **プログラム構造の中にコードを展開し，全体を組み立てる。**

「Range」から「Selection.Paste」までが，文字列 1 つを表示する部分です。

これを 26 文字分繰り返せば，26 文字を順次表示できます。このコードを，繰り返しを制御する「For Next」のループに挟み込めばよいのです。

さて，ここでセルの指定方法に問題が生じます。記録したコードでは，「Range」を用いてセル指定を行っています。「Range」では，「Range("A2")」のように，文字列を使ってセルを指定します。ところが，ループで変化する変数は数値です。この数値を用いて，セルの移動を制御しなくてはなりません。そこで，セルを指定する別の方法である，「Cells(r,c)」を使用します。これなら，「r」と「c」に数値を代入することで，セルを指定できます（このあたりが，VBA やプログラミングの知識や経験が必要な部分です。さまざまなプログラムを読み，力をつけてください）。

次に示すのが，「繰り返し」の中に，整理したコードを入れ込んだものです。文字列リスト部分のセルを選択するために，Cells() で指定しています。フラッシュカードとして使うセルは，セルの座標を変化させなくてよいので，Range のまま残しています。

「For J = 1 To 100000000」と「Next J」の 2 行のコードは，時間稼ぎのループです。試してみるとわかりますが，この部分を取ると，「a」から「z」

```
Sub FlashCard ()

For I = 1 To 26
    Cells (I, 1) . Select
        Selection . Copy
        Range ("D4") . Select
        Selection . PasteSpecial Paste:=xlPasteValues, Operation:=xlNone,
        SkipBlanks _:=False, Transpose:=False

    For J = 1 To 100000000
    Next J
Next I
```

までの文字が一瞬で表示され，最後に「z」だけが表示されます。26文字が表示されているのですが，実際に見えるのは「z」だけです。"コンピュータの速度に人間がついていけない"ので，途中が見えません。この時間稼ぎのループで，コンピュータに1文字表示するごとに1億数えさせ，待たせているのです。プログラムではよく使われる手段です。

(3) **できたプログラムの機能を検証する。**

VBエディタの「実行」をクリックし，プルダウンメニューから「Sub／ユーザー フォームの実行」をクリックして，マクロを動かしてみましょう。期待通りにプログラムが機能するか，確かめます。

次に，VBエディタなどを使わずキーボード操作からマクロを実行することができるように，キーにマクロを割り付けます。さらに必要なら，A列の文字データを非表示にする，シートの罫線を消す，背景色を付けるなど，見栄えを調整してもよいでしょう。

マクロにショートカットキーを割り当てるには，次の手順をとります。登録した後は，Ctrlとアルファベットキーの組み合わせを押すことで，マクロを起動できます。

＜マクロにショートカットキーを割り当てる（図3-13, 図3-14）＞
(1) 「開発」タブの「コード」グループにある「マクロ」をクリック→「マクロ」ダイアログのマクロ名リストから，ショートカットキーを割り当てたいマクロを選択→「オプション」をクリック
(2) 「マクロオプション」ダイアログで，「ショートカット キー」欄に割り当てるキーを入力→適宜，「説明」欄にマクロの説明を入力→「OK」をクリック
(3) 「マクロ」ダイアログで「キャンセル」をクリック

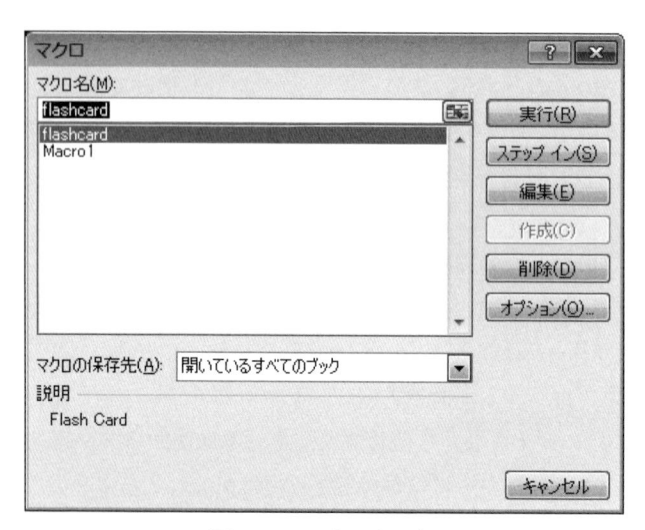

図 3-13　マクロを選択

図 3-14　キーを指定する

　以上が，基本的なマクロ作成の手順です。これを参考にして，目的の機能を実現する VBA コードを組み立てて，独自のマクロプログラムを作成してみてください。

第4章
データの収集と加工法

　本章では，さまざまなデータソースから入手できるデータの特性，データの収集法，収集したデータをエクセルに入力するための処理や加工法を解説します。ここで扱う情報源は，インターネット，印刷物，CDです。データの収集，加工，エクセルへの読み込みの手順は，次のようになります。

＜データの収集，加工，エクセルへの読み込みの手順＞
(1) データの収集（情報源から取り込み，テキスト化する）
　　・インターネット：ダウンロード → テキスト化（ソフトウエアを使用）
　　・印刷物：スキャン → OCR
　　・CD：データの抽出（ソフトウエアを使用）
(2) データを，エクセルに読み込める形に加工・成形する
(3) エクセルに読み込む

4.1　インターネットからの取り込み
4.1.1　データの特性
　インターネット上には，教材に利用できるデータが多く存在します。また，その形式がデジタルなので，コンピュータに取り込み，活用することが容易です。しかし，その信頼性に関しては，注意を払う必要があります。定評のある出版社の書籍とは異なり，編集者によるチェックもなく，制作者の質に関して何の保証もありません。利用者が，データの信頼性を判断する必要があります。

4.1.2　データの取得

インターネットからデータを収集するには，HTML の知識を持っていると便利です。

HTML は，HyperText Markup Language の略です。ハイパーは「超」の意味で，ハイパーテキストとは"テキストを超えたテキスト"，つまり，複数のテキスト（画像や音声なども含む）を相互に関連付ける（リンクする）機能を持つテキストのことです。ハイパーテキストとは，いわゆるウェブページのことで，HTML は，ウェブページを記述するためのマークアップ言語（タグと呼ばれる特殊な記号で，テキスト中に各種の情報を記述したもの）のことです。

ウェブページの構造を知ることで，リンクしている情報などについても知ることができます。可能な範囲で，情報の二次利用もできるでしょう。

ウェブページのソースには，HTML のタグが埋め込まれています。ソースを見るには，ブラウザのメニューで「表示」→「ソース」とたどります。初心者には意味がわからないと思いますが，HTML のタグを憶えていくと，だいたいの見当がつくようになります。HTML の基本タグについては，インターネットで検索すると見つかるので，憶えておきましょう。

データを収集するには，1 ページずつダウンロードするのではなく，自動ダウンロードソフトを利用すると容易です。自動ダウンロードソフト（図 4-1）は，Vector（フリーのソフトウエア等を集めているサイト）などで検索すると，さまざまなものがあります。好みのものを選び，インストールしておきます。使用法は，各ソフトウエアのマニュアルを参照します。

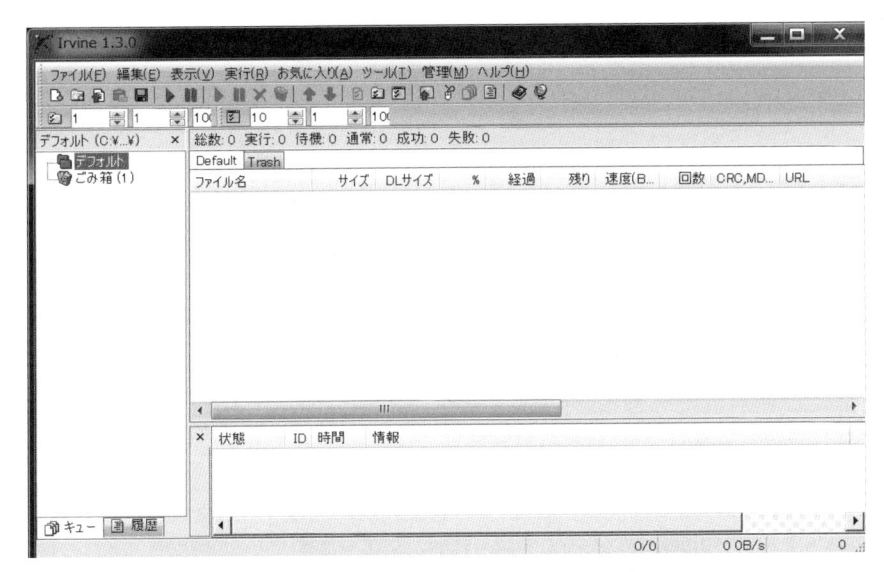

図4-1　自動ダウンロードソフト「Irvine」の操作画面

4.1.3　データの一次加工

(1) テキストの抽出

　ダウンロードされたウェブページには，HTMLのタグが入っています。タグは不要なので，「DeHTML」などのソフトウエアを使って，テキストのみを抽出します。これらのソフトウエアはテキストフィルターと呼ばれ，さまざまな機能を持ったものがあります。Vectorなどで検索してダウンロードします。

　これらのソフトウエアの操作は，特に難しいことはありません。「DeHTML.exe」の場合は，ファイルアイコンにHTMLファイルをドラッグ＆ドロップすると，元のHTMLファイルのあるフォルダに，同名のテキストファイルが出力されます。

(2) ファイルの解凍

　インターネット上には，「レポジトリ」と呼ばれる，データや情報などを整理して保管し，ダウンロードを許しているサイトもあります。ほとんどの

データは，LZH 形式，ZIP 形式などの圧縮ファイルになっているので，解凍の手順を知っておきましょう。この処理に必要な，圧縮・解凍ソフトを準備しておきます。

(3) データの整理

簡単な整理であれば，テキストエディタで行うことができます。データの順番を変えたり，複雑な構成のデータを処理するには，sed, AWK, Perl などのプログラム言語／ソフトウエアを使うとよいでしょう。

＜インターネットでデータ収集する際に必要なソフトウエア＞
- 自動ダウンロードソフト：まとめてウェブページをダウンロード
- テキストフィルターソフト：タグを取り除き，テキストだけを取り出す
- 圧縮・解凍ソフト：LZH 形式，ZIP 形式などの圧縮ファイルを元に復元
- テキスト処理用プログラム言語：複雑な加工を施す

インターネットを検索して，それぞれの使用法を身に付けましょう。

4.2 印刷物からの取り込み

4.2.1 データの特性

インターネット上のデータとは異なり，定評のある出版社の書籍は，内容に関しては信頼性があると考えられます。しかし，書籍（印刷物）は，そのままではコンピュータで扱えません。コンピュータ上で扱えるデジタルデータにするためには，スキャナと OCR を用いて，デジタルデータに変換する必要があります。

スキャナとは，印刷された文書や画像を読み込み，デジタルの画像データにする装置です。デジタルカメラのようなものと考えればよいでしょう。読み込んだ後に，OCR を使ってテキスト化します。OCR（Optical Character Reader）とは，光学式文字読取装置のことで，画像データから文字を識別し，デジタルの文字コードに変換するソフトウエアです。

4.2.2 データの取得と一次加工

印刷物は，スキャンしやすいように加工します。本／冊子の場合は，裁断してスキャンします。スキャナやOCRには，さまざまなものがあります。大量の資料を処理するには，オートシートフィーダの付いたスキャナを選ぶとよいでしょう。OCRは，英語用には「OmniPage」がよいでしょう（図4-2）。日本語用は数多くあるので，インターネットで「日本語OCR」と検索して比較し，好みのものを選んでください。

データをテキスト化した後，スペルチェッカーなどで読み取りエラーを訂正し，一次加工を終えます。

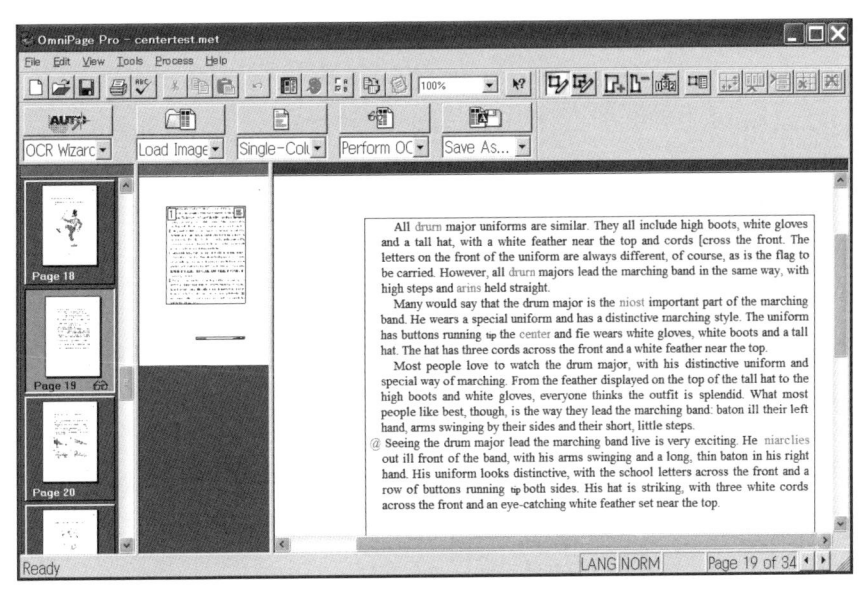

図4-2　OmniPageの操作画面

4.3　CDからの取り込み

4.3.1　データの特性

　CD等で供給されている辞書のデータは，専門家が作成したものであれば，一定の水準を持っています．しかし，CD辞書の多くは，内蔵しているデータを暗号化しているので，データを直接抽出することはできません．

4.3.2　データの取得と一次加工

　CD辞書の場合は，検索して使用するときも，データを直接利用するときも，「DDwin」などの辞書検索ソフトを利用します．適切なソフトウエアを使うと，単語リストにある語を一括して辞書検索することができるので，教材や資料の作成に有効です．また，CD辞書を多数同時に使うには，「仮想ドライブ」を使うと便利です．「仮想ドライブ」は，CDの内容をハードディスクにコピーしておけば，CDがなくてもドライブに挿入して読み込んでいるように作動するソフトウエアです．

　CD辞書を利用するためのソフトウエアをあげておきます．

- **DDwin**：EPWING規格のCD-ROM辞書を対象としたWindows用の辞書検索ソフト（http://homepage2.nifty.com/ddwin/）
- **DAEMON Tools**：仮想ドライブ作成ソフト（http://www.daemon-tools.cc/jpn/home）

　単語リストなどを利用して一括して辞書を引き，ファイル化した後に，そのデータを処理して利用するという方法は処理が煩雑なので，次項の辞書データを利用することも一法です．ただし，英和・和英など外国語関連のものは見つかりますが，国語辞典のデータはあまり見受けません．

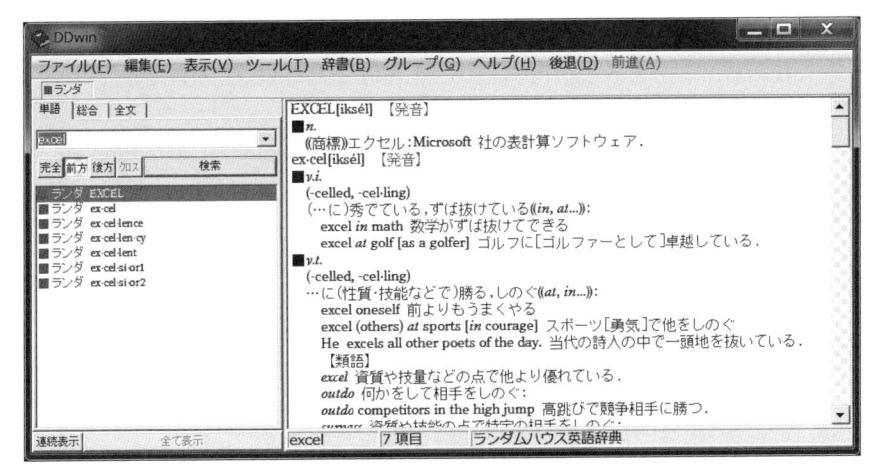

図 4-3　DDwin の検索例

4.4　辞書データの利用

　辞書データは，英和・和英のものは，著作権を気にせずに利用できるものも存在します。しかし，データの信頼性や質が低いものもあります。また，有償の辞書データでも，辞書編纂の専門家が作成したものでなければ，やはり信頼性は高くありません。そういうものは，必要に応じて修正し，利用することになります。

　有償のものでは，「英辞郎」（http://www.eijiro.jp/）などがあります。また，「英辞郎」を入手すると，「PDIC（Personal Dictionary）」（http://homepage3.nifty.com/TaN/）という辞書検索・語学学習・辞書作成ソフトウエアが，セットで入手できます。

　フリー（無償）の英和辞書データには，下記のものがあります。

The EDICT Dictionary File

　http://www.edrdg.org/jmdict/edict.html

GENE95

　http://www.namazu.org/~tsuchiya/sdic/data/gene.html

EJDict

http://ko.sourceforge.jp/projects/xbabylon/downloads/9834/ejdict.tar.gz/

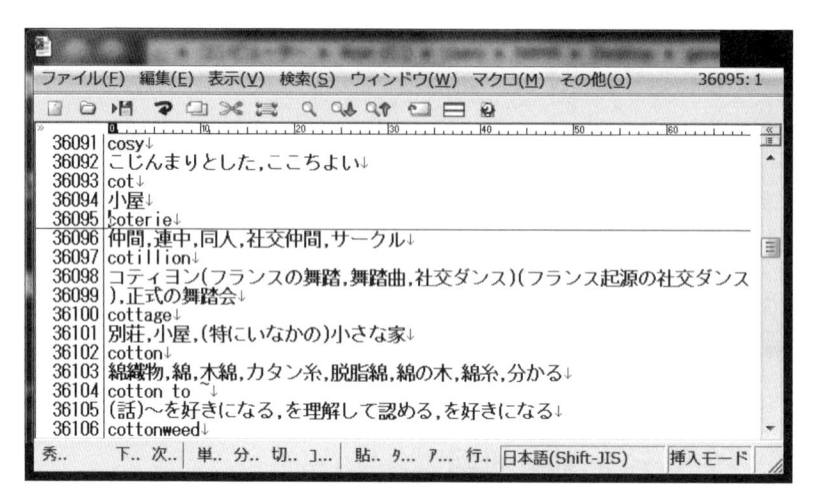

図4-4　GENE95をテキストエディタで開く

4.5　著作権に関する注意

　インターネット，印刷物，CDなどの著作物からデータを収集する場合には，著作権に注意する必要があります。複製などする場合は，いわゆる「私的使用のための複製」や「学校その他の教育機関における複製等」の範囲にとどめるのが現実的でしょう。

　ただ，インターネット上の新聞記事などを利用する学習サイトでは，元のデータソースからデータを抽出して利用し，それを複製した形で残さないという使い方もされているようです。

　著作権法（http://www.cric.or.jp/db/domestic/a1_index.html）などを参考にして，慎重に運用してください。

4.6 データの加工・成形

取得したテキストデータは，独特のデータ配列になっていたり，規則的でなかったり，不要なデータが入っていたりします。たいていの場合，そのままの形では利用できません。使用目的に沿って，加工・成形して利用します。

4.6.1 コンピュータとデータ

まず，コンピュータの扱うデータに関して，理解しておく必要があります。コンピュータ画面上に見えるデータと，コンピュータが扱っているデータは，異なるということを知っておいてください。

インターネットのウェブページで表示されているテキストの実体は，タグが施された HTML 文書です。それをウェブブラウザが処理し，画面表示しています。また，ワードで文書を書いているコンピュータ画面には，人がわかる文字だけが表示されています。ところが，HTML 文書だけでなくワードなどの文書ファイルにも，文字を表す文字コードと文字修飾などの機能コードが含まれています。コンピュータ画面上では，すべてのデータは，ソフトウエアの処理を通して人が認識して理解できるもののみ，表示されているのです。

> インターネットのウェブページやワードファイルには，さまざまな隠れたコードが含まれている。

4.6.2 データの加工

テキストデータそのものを表示し，編集できるのがテキストエディタと呼ばれるソフトウエアです。手作業でデータを加工する場合は，テキストエディタを使います。さまざまな仕様のものがありますが，「秀丸エディタ」など，定評のあるものから選びましょう。

テキストエディタの使用法は，習熟する必要があります。さらに，正規表現を用いたテキスト編集ができると，効率が上がります。正規表現とは，検索や置換において，一定のパターンで表記されている文字列を，1 つの文字列で表

現することです。

また，テキストエディタ以外に，自動でHTMLのタグを除去するテキストフィルターや，sed, AWK, Perlなどのプログラミング可能なテキスト編集ソフトウエアが使用できると，効率が上がります。

> ＜テキストデータの加工法＞
> テキストエディタ，テキストフィルター，sed, AWK, Perlなどを使う。

4.6.3 加工の手順

入手したデータを加工します。加工の目的は，次の2点です。

(1) **データ内のHTMLのタグなど不要なものを除去し，文字コードを確認・調整する**

インターネットのウェブページからダウンロードしたテキストデータには，HTMLのタグが混入しています。また，OCRでテキスト化したものにはゴミデータがつきものです。さらに，加工の目的に使うデータとは文字コードが異なっているものもあります。文字コードは，WindowsはShift_JIS，UNIX系はUTF-8などと違いがあります。データベースに入力する場合には，特に注意が必要です。

(2) **データの形式を整える**

コンピュータで扱うテキストデータは，一定の規則性を持っていることが必要です。また，データに，たとえば「Page 01」，「001課」のように，「Page」や「課」などを特定できる「標識」が付いていると，処理がしやすくなります。規則性がない場合は，プログラムへの負担が大きくなり，処理が複雑になります。

> テキストデータは，HTMLのタグを除去し，文字コードを確認・調整し，形式を整える。

4.6.4 エクセルに読み込むデータ形式

　エクセルに読み込むテキストデータの一般的な形式は，タブ区切り（テキスト形式）とカンマ区切り（CSV 形式）の 2 つです。

　一般に，データベースなどの 1 件分のデータはレコードと呼ばれ，改行で区切られます。1 レコードのデータの中には，いくつかのデータ項目が入っています。このデータ項目をフィールドと呼びます。

　このフィールドを分離するための記号として，タブあるいはカンマが使用されるので，この 2 つのデータ形式があります。

　テキストデータをエクセルに読み込むと，1 レコードは 1 行に，1 フィールドは 1 つのセルに入力されます。

　テキストエディタでデータを編集する際に，タブや改行についての表記は通常見えませんが，データには，それぞれのコードが入っています。エディタによっては，これらを表示することもできます。

　通常は，タブ区切りでデータを区切ります。カンマ区切りも可能ですが，文章などのデータは，そのままでは使えません。文中のカンマも，区切り文字として認識されてしまうからです。その場合は，「"」（引用符）を使って，データを括る必要があります。

　複数のフィールドを持つデータは，タブ区切りかカンマ区切りのどちらかで加工します。

＜エクセルに読み込むデータ形式＞
（1 レコードに，名前，住所，電話番号の 3 つのフィールドがある場合の例）
タブ区切り（テキスト形式）：名前＞　　住所＞　　電話番号（改行）
カンマ区切り（CSV 形式）　：名前, 住所, 電話番号（改行）
・タブは，テキストエディタ上ではスペースまたは「＞」で表示される。
・各フィールドのデータは，数字はそのまま，文字列は「"」で括る（フィールド内にカンマが含まれてない場合は省略できる）。

図4-5，図4-6はそれぞれ，3つのフィールドを持つレコードを，タブ区切りとカンマ区切りで表したものです。レコードの1件目の，1つ目のフィールドはレコード番号，2つ目は英語，3つ目は日本語です。1件目のレコードはフィールド名見出し，2件目はカンマが入らないデータの例，3件目はカンマが入っているデータの例です。

図4-5ではタブ（>）が，図4-6ではカンマ（,）が，各フィールド間に挟まれているのが見えます。各フィールドのデータは，数字はそのまま，文字列は「"」（引用符）で括るのが一般的です（図4-5，図4-6の3件目のレコード）。しかし，フィールド内にカンマが含まれてない場合は，引用符を省略することもできます（図4-5，図4-6の1，2件目のレコード）。

```
1|0>      英語>    日本語↓
2|1>      illustration>  図解↓
3|2>      "A, B and C. "> "選択の機会,他の手段,選択権"↓
4|↓
```

図4-5　タブ区切り（テキスト形式）

```
1|0,英語,日本語↓
2|1,illustration,図解↓
3|2,"A, B and C. ","選択の機会,他の手段,選択権"↓
4|↓
```

図4-6　カンマ区切り（CSV形式）

4.6.5　テキストエディタでの正規表現の利用

正規表現は，特殊な記号を用いて，効率よくテキストデータを表現します。検索や置換において，一定のパターンで表記されている文字列を，1つの文字列で表すことができます。

テキストエディタの検索で，たとえば，「play*」と記述して検索すると，「played」，「playing」，「player」，「players」を得ることができます。「*」が，何の文字にも相当するという特殊な働きを与えられています。正規表現を用いて置換をすると，膨大な量のテキストでも効率よく処理できます。詳しくは，

エディタの"ヘルプ"や解説書を参照してください。

> **＜正規表現＞**
> 「*」,「+」,「¥」などの記号を用いて，一定のパターンで表記されている文字列を，1つの文字列で表す。

処理の一例として，歴史年表データの加工を見てみましょう。

ここで例にとる図4-7のウェブページのソースは，ブラウザのメニューの「表示」→「ソース」とたどって表示してみると，図4-8のようになっています。Internet Explorer 11の場合，「秀丸エディタ」がインストールされていると，ソースは「秀丸エディタ」で表示されます。HTMLのタグがたくさん含まれていることがわかります。706行目の「1159」の年表示の所にも，多くのタグが見えます。

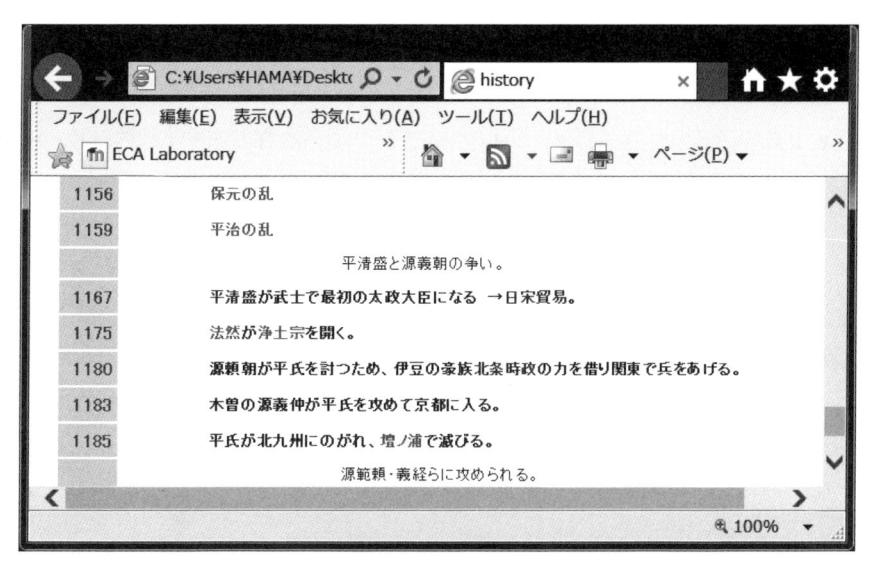

図4-7　歴史年表のウェブページ

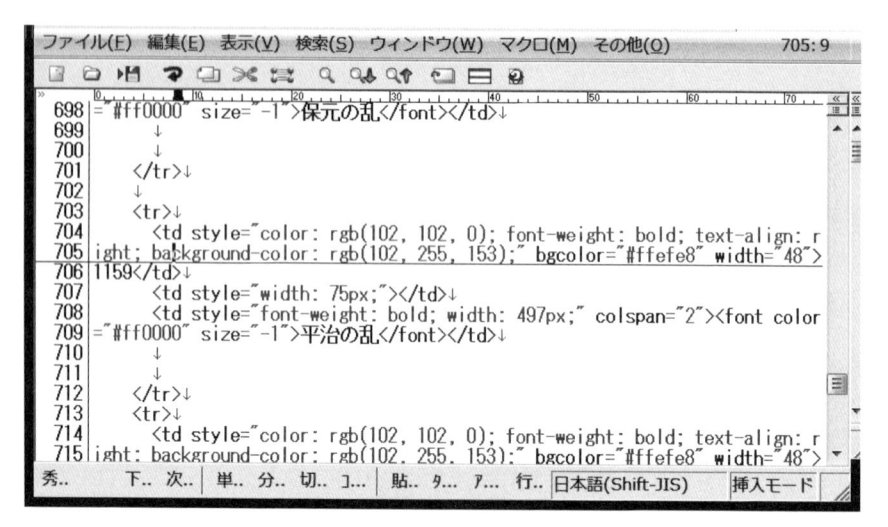

図4-8　ウェブページのソース

このままでは利用できないので，「DeHTML」（http://www.vector.co.jp/soft/win31/net/se027355.html）というソフトウエアを用いて，HTMLのタグを除去します（このソフトウエアは32ビットのWindowsで作動します。64ビットのWindowsの場合は，類似のソフトウエアを探します）。すると，図4-9のようなテキストデータが得られます。

しかし，行頭にスペースがあったり，タグが取りきれてないこともあります。その場合は，テキストエディタの連続置換機能を使って，タグを除去します。行頭のスペースは，図4-10のように正規表現を使った置換を行うと迅速に削除できます。行頭のスペースは，正規表現では「^ +」と表します。これを「検索」に入力し，「置換」はスペースなし（何も入力しない）にして，「全置換」をクリックすればよいのです。

第4章　データの収集と加工法

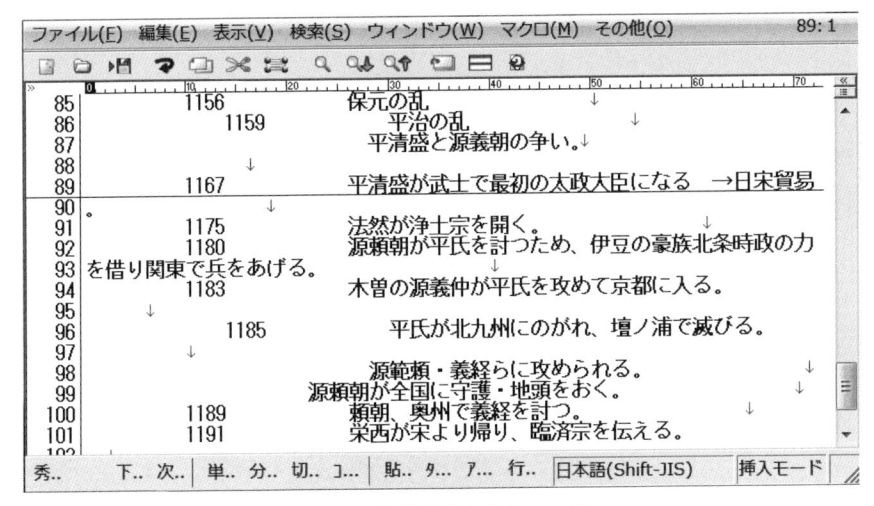

図4-9　タグが除去されている

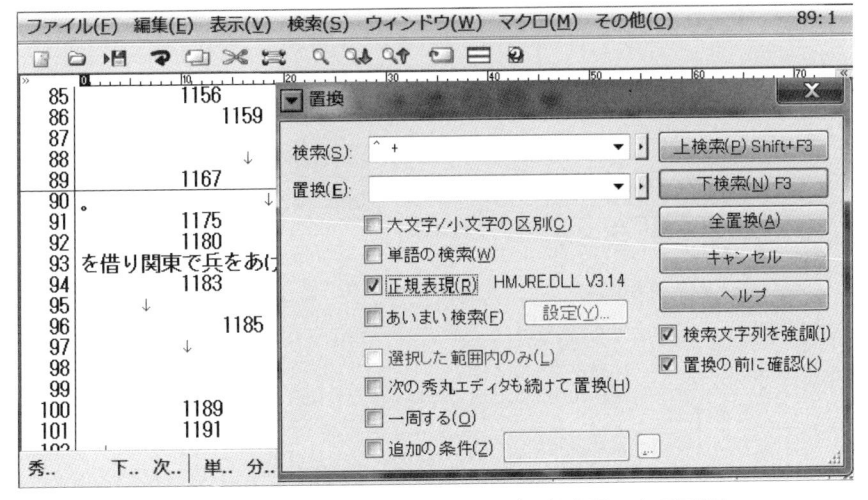

図4-10　行頭のスペースを削除する（正規表現による置換）

図 4-11 のように，行頭に年表示がそろい，だいぶ年表らしくなってきました。

ここで再度，正規表現を使って，データの形式を整えます（図 4-12）。エクセルに読み込むために，年表示の次に来るスペースをタブに変換します。図 4-12 の検索ボックスに入れた「^\f[0-9]+\f +」のうち，「^[0-9]+ +」が，行頭の数字の連続とスペースの連続を表す正規表現です。「\f」と「\f」は，年表示部分を記憶しておいて置換部分にするための"括弧"に相当する記号です。この部分を「\1\t」と置換します。「\1\t」は，記憶しておいた年表示とタブを表す正規表現です。「全置換」をクリックすると，年表示の後にタブが入ります（図 4-13）。

あとは，データの形を見ながら適切な方法を考えるのですが，年表示と記事だけの情報を取り出すのなら，このデータの場合は，全体を文字コード昇順でソートするとよいでしょう。すると，図 4-14 のように，年表示のない項目が下部に分離され，データがリストの形で得られます。「秀丸エディタ」では，データをすべて選択した後，「編集」→「変換」→「ソート」とメニューをた

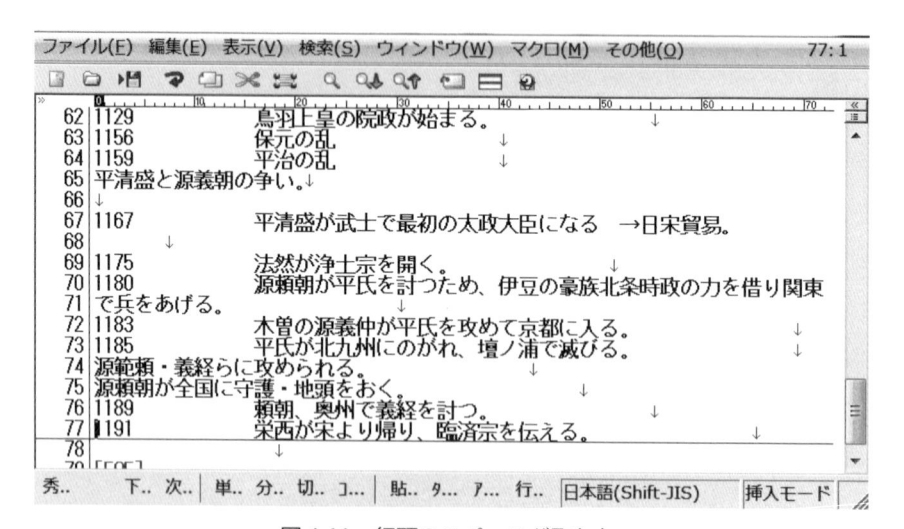

図 4-11　行頭のスペースが取れた

どり，「ソート」画面で，「文字コードの小さい順（昇順）」を選び，「数値の部分は数値の大小関係でソートする」にチェックを入れ，「OK」をクリックします。

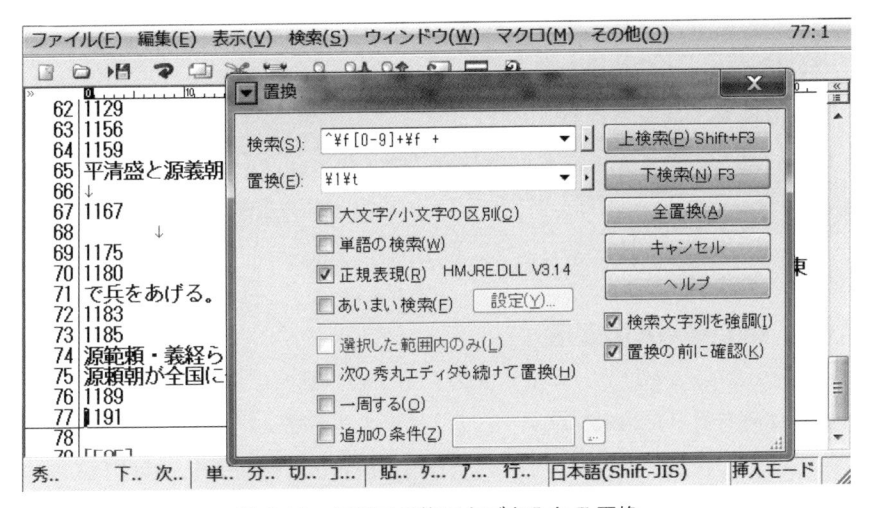

図4-12　年表示の後にタブを入れる置換

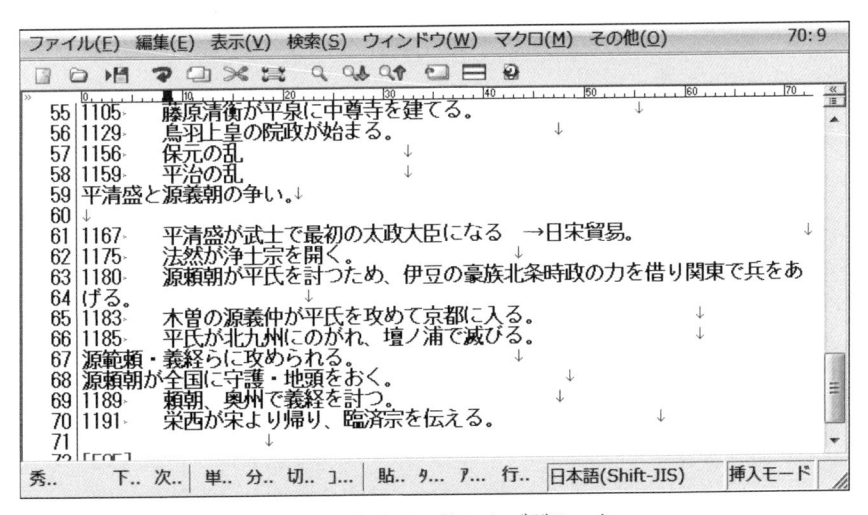

図4-13　年表示の後にタブが入った

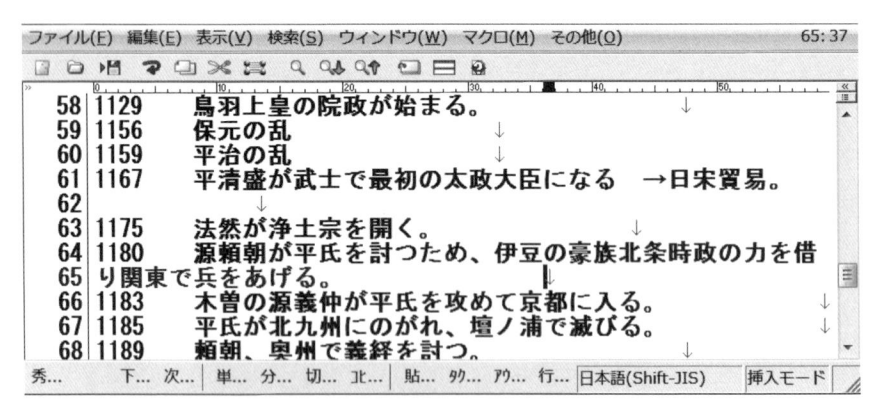

図 4-14 年表リストができた

4.6.6 sed, AWK の使用

　sed は，stream editor（テキストエディタの一種）に由来する，テキストデータ処理を行うためのプログラムです。テキストファイルを読み込みながら処理し，その結果を別のファイルに流し込みます。スクリプトと呼ばれるプログラムの一種を使って処理を進めます。

　AWK は，プログラム言語です。AWK を使うと，sed よりも複雑な編集ができます。その分，スクリプトもいくらか複雑になります。sed, AWK はフリーソフトとして入手できます。

　sed や AWK はコマンドプロンプト画面から使用します。コマンドプロンプト画面は，Windows のスタートボタン→「すべてのプログラム」→「アクセサリ」→「コマンド プロンプト」とたどって起動します。コマンドプロンプト画面からは，コンピュータに対する命令語や起動させるプログラム名を打ち込み，操作することができます。

　各ソフトウエアの仔細な用法は，参考書やインターネットで調べて身に付けてください。

　ここでは，AWK で行うテキスト処理の一例として，2 行にわたるデータのセットを 1 行にまとめる編集を試みます。「GENE95」という英和辞書データ

を，エクセルで利用できる形式に変更します。「GENE95」には6万ほどの項目が含まれています。6万ものデータを，手作業で処理することは不可能なので，AWKを用いて処理します。

「GENE95」のデータは，1行目に英語，2行目に日本語訳と，2行1組で1レコードになっています。エクセルに読み込むには，「英語＞　日本語訳」（「＞　」はタブ）の形にする必要があります。テキストエディタで整形するのは非現実的です。テキストエディタのマクロを使う方法もありますが，ここではAWKを使って処理してみましょう。

```
BEGIN{i=0;sent=""}
{i=i+1
sent=sent$0"¥t"
if(i==2){print sent
i=0
sent=""
}}
```

AWKがインストールされたコンピュータで，上記のスクリプトを「2to1.awk」として保存し，コマンドプロンプト画面で，

　　＞jgawk －f 2to1.awk「元のデータファイル名」.txt ＞「処理後のデータファイル名」.txt

と入力することで，2行構成のデータのセットが，1行のタブ区切りのデータに編集されます。

コマンドプロンプトからのsedやAWKの使用には慣れを要します。必要がある場合は，適宜，習得しましょう。

4.6.7　エクセルへの読み込み

加工後のデータをエクセルに読み込むには，Excel 2007ではOfficeボタン（Excel 2010では「ファイル」）から「開く」を選択します。すると，「ファイ

ルを開く」ダイアログが現れるので（図4-15），「ファイルの種類」を「テキストファイル」にし，目的のファイルを選択して「開く」をクリックします。Excel 2013では，「データ」タブにある「外部データの取り込み」グループの「テキストファイル」をクリックします。すると，「テキスト ファイルのインポート」ダイアログが現れるので，目的のファイルを選択して「インポート」をクリックします。

　すると，「テキスト ファイル ウィザード」ダイアログが現れるので（図4-16），「元のデータの形式」の「カンマやタブなどの区切り文字によってフィールドごとに区切られたデータ」を選択して「次へ」をクリック→「区切り文字」を選択して（図4-17）「次へ」をクリック→「列のデータ形式」を選択して（図4-18）「完了」をクリックし，読み込みます。

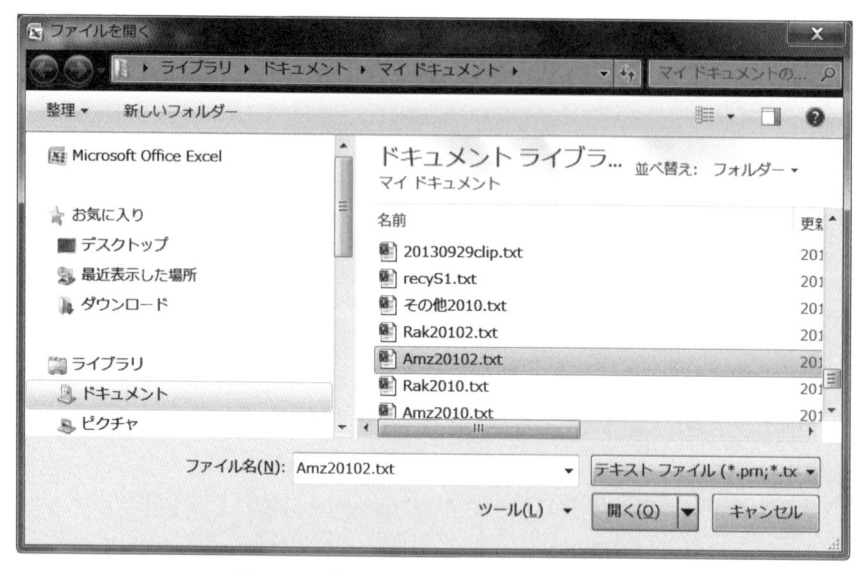

図 4-15 「ファイルを開く」ダイアログ

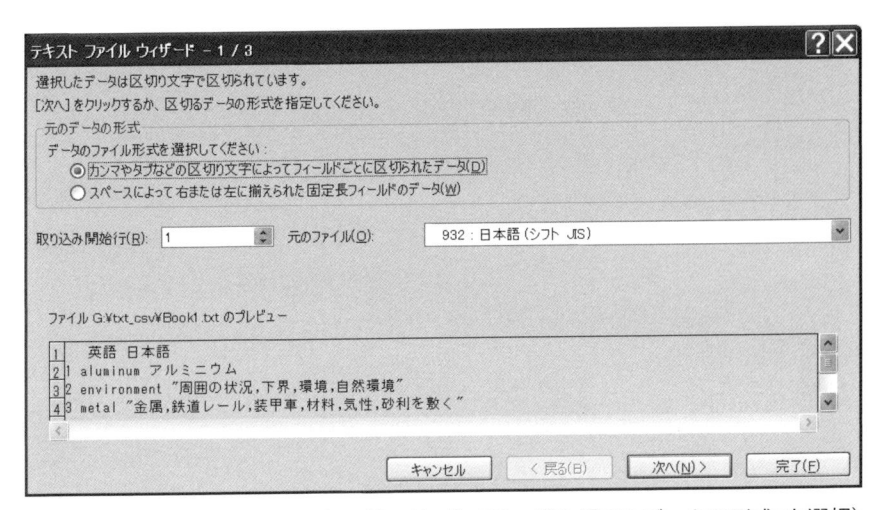

図 4-16 「テキスト ファイル ウィザード」ダイアログ①(「元のデータの形式」を選択)

図 4-17 「テキスト ファイル ウィザード」ダイアログ②(「区切り文字」を選択)

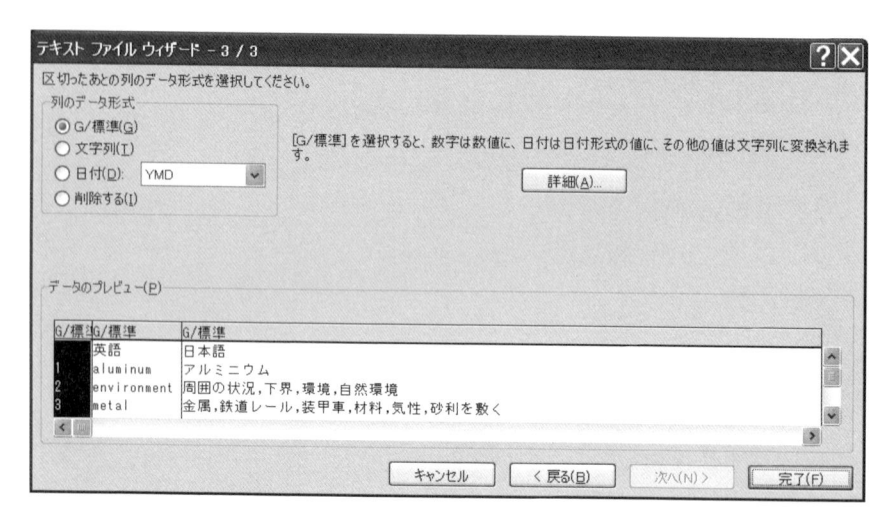

図4-18 「テキスト ファイル ウィザード」ダイアログ③ (「列のデータ形式」を選択)

　CSV形式（カンマ区切り）のデータファイルを読み込む場合は，「.csv」のファイルをダブルクリックすれば，すぐにエクセルワークシートに取り込まれます。

　また，データをテキストエディタ上でコピーして，エクセルのシートに貼り付けることもできます。

> ＜データのエクセルへの読み込み法＞（次のどちらか）
> ・エクセルでファイル形式を選択して読み込む。
> ・テキストエディタ上でコピーして，エクセルのシートに貼り付ける。

　読み込んだ後は，エクセルで任意の処理をすることができます。

索　引

【記号】
&　66
¥n　70
¥t　70
#VALUE　46

【A】
A1参照形式　101
AND　140
ASC　136
AWK　174, 182

【C】
CHAR　126
CODE　125
Column　117
CONCATENATE　134
COUNT　32
COUNTA　127
COUNTBLANK　127
COUNTIF　127
CSV　175

【D】
DATESTRING　142
DATEVALUE　142
Debug.Print　89
DeHTML　167
Dir関数　95
Do Loop　157
Do While Loop　94

【E】
EDICT　171
EJDict　172
EXACT　128
Excel 2007　99
Excel 2010　99
Excel 2013　99

【F】
FIND　130
For To Next　157

【G】
GENE95　171

【H】
HTML *166*

【I】
IF *128, 140*
ISERROR *15, 141*

【J】
JIS *136*

【L】
LEFT *135*
LEN *124*
LOWER *136*

【M】
MID *135*

【N】
NOT *140*

【O】
OCR *165*
Officeボタン *100, 101*
OR *140*

【P】
Perl *174*
PROPER *136*

【R】
RAND *64, 66*
Range *77*
RANK *64, 66*
R1C1参照形式 *101*
REPLACE *133*
REPT *134*
RIGHT *135*
Row *117*

【S】
SEARCH *129*
sed *174, 182*
Sort *77*
SUBSTITUTE *132*
SUM *53*

【T】
TEXT *137*
TRANSPOSE *138*
TRIM *133*

【U】
UPPER *136*

【V】
VBエディタ *144*
VBA *144, 153*
VLOOKUP *131*

索引

【W】
WEEKDAY　*142*
WEEKNUM　*18*
Windows API　*85*
Worksheet_Change　*77*

【あ】
アクティブセル　*99, 101*
アクティブセル情報表示部　*100*

【い】
イベント　*149*
イベントドリブン　*154*

【え】
エラー処理　*19*

【お】
オートフィル　*111, 114*
オブジェクト　*148*
オブジェクトボックス　*149*

【か】
解凍　*167*
開発タブ　*80, 144*
可視セルのみのコピー＆ペースト　*116*
関数　*123*
カンマ区切り　*175*

【き】
行　*117*
行列を入れ替える　*116*

【く】
クイックアクセスツールバー　*99, 100*
グラフを作成する　*63*
繰り返し　*156*

【こ】
コード　*144, 148*
コピー＆ペースト　*103*
コマンドプロンプト　*182*

【さ】
サブプロシージャ　*83*

【し】
シート　*101*
シート見出し　*101*
シートを保護する　*30*
順次実行　*156*
条件付き書式　*24, 139*
条件判断　*156*
書式　*116*
ショートカットキー　*163*
シリアル値　*18*

【す】
数式の表示　*103*

数式バー　*100, 101*

【せ】
正規表現　*173, 176*
絶対参照　*105*
セル参照式の記述の変更　*110*
セル参照の注意事項　*117*

【そ】
相対参照　*105*
相対変化させずにコピー＆ペーストする　*118*

【た】
タイトルバー　*101*
タグ　*166*
タブ区切り　*175*
ダミーデータ　*57*

【ち】
置換　*132*
著作権　*172*

【て】
テキストエディタ　*174*
テキストフィルター　*174*

【と】
ドラッグ　*103*
トリガー　*154*

【な】
名前ボックス　*100, 101*

【は】
背景色の設定　*90*
範囲の編集を許可　*30*

【ひ】
秀丸エディタ　*177*

【ふ】
フィールド　*175*
複合参照　*106*
フラッシュカード　*159*
プログラム　*144*
プログラムの制御構造　*156*
プロジェクト　*148*
プロシージャボックス　*149*

【ま】
マクロ　*144*
マクロ記録　*77, 147*
マクロの実行　*151*
マクロのセキュリティレベル　*150*
マクロの有効化　*145*

【め】
明示的入力　*102*

【も】
文字コード　*126*
モジュール　*148*

【り】
リボン　*99, 100, 101*

【る】
ルーチン　*94, 144*

【れ】
レコード　*175*
列　*117*
連続データの登録　*111*

【わ】
ワイルドカード文字　*129*
ワークシート　*152*

【著者紹介】

濱岡 美郎（はまおか よしろう）
ECA Laboratory主宰，元・広島国際大学教授
幼児教育から中等教育，高等教育まで，すべてのレベルでの教育実践を持つ。コンピュータを利用した教育方法（Moodle利用など）や，視点を変えた英語教育の方法（Slash Cubeなど）を研究・開発している。さらに，これらの開発した技術を利用して，後進を育成している。

本書の内容に関するご質問やご意見は
著者のウェブサイトにて承ります。
5ページをご覧ください。
弊社への直接のお問い合わせには
お答えできませんので
あらかじめご了承ください。

ISBN978-4-303-73481-7

エクセルを活用して楽々教材作成

2014年8月10日 初版発行　　　　　　　　　Ⓒ Y. HAMAOKA 2014

著　者　濱岡美郎　　　　　　　　　　　　　　　　　　　　　検印省略
発行者　岡田節夫
発行所　海文堂出版株式会社
　　　　本　社　東京都文京区水道2-5-4（〒112-0005）
　　　　　　　　電話 03（3815）3291㈹　FAX 03（3815）3953
　　　　　　　　http://www.kaibundo.jp/
　　　　支　社　神戸市中央区元町通3-5-10（〒650-0022）
日本書籍出版協会会員・工学書協会会員・自然科学書協会会員

PRINTED IN JAPAN　　　　　　　　　印刷　田口整版／製本　誠製本

JCOPY ＜（社）出版者著作権管理機構 委託出版物＞
本書の無断複写は著作権法上での例外を除き禁じられています。複写される場合は，そのつど事前に，（社）出版者著作権管理機構（電話 03-3513-6969，FAX 03-3513-6979，e-mail: info@jcopy.or.jp）の許諾を得てください。